Réseaux numériques, téléphonie et mobilisation

Congo-Brazzaville

Collection « Études africaines »

dirigée par Denis Pryen et son équipe

Forte de plus de mille titres publiés à ce jour, la collection « Études africaines » fait peau neuve. Elle présentera toujours les essais généraux qui ont fait son succès, mais se déclinera désormais également par séries thématiques : droit, économie, politique, sociologie, etc.

Dernières parutions

Jean-Alexis MFOUTOU, *Sur les petits métiers de la rue et de la débrouille au Congo-Brazzavill, Vitalité linguistique et dynamique langagière*, 2023.
Jean-Dominique PENEL (dir.), *L'écriture d'Ousmane Sembène dans* Niiwam, 2023.
Lambert EKANGA LOKOKA, *L'enseignement de l'Histoire à l'école secondaire en R.R.C. Intentions d'une réforme et pratiques de terrain*, 2023.
Roger NGOUFO, Paul TCHAWA et Moïse TSAYEM DEMAZE, *Environnement tropical et développement territorial. Pour une géographie décloisonnée et appliquée*, 2023.
Abdoulaye Aboubacrine, *Droit international de l'environnement et droit malien. Vers un droit africain harmonisé de l'environnement*, 2023.
Victor PUATI VANGU, *Les impératifs du développement industriel durable en République démocratique du Congo. Face aux exigences de l'éthique et du leadership,* 2023.
Arsène ELONGO, *Métaphore dans la culture congolaise,* 2023.
Jaribu MULIWAVYO, *Procès contre les rebelles ADF À Beni, Récit d'une tragédie politico-judiciaire*, 2023.
Dieudonné MUSA ALOKPO, *L'éducation en Afrique dans des sociétés en mutation. À partir du cas de la RD Congo*, 2023.
Ruddy KABAMBI TSHITADI, *Internationalisation de l'insécurité des eaux du bassin du Congo. Géostratégie de la sécurité*, 2023.
Émile AMOUZOU, *Littérature comparée et enseignement du français. Pour une didactique des humanités en Afrique :*

Milie Théodora MIERE

Réseaux numériques, téléphonie et mobilisation

Congo-Brazzaville

L'Harmattan

DE LA MÊME AUTRICE

OUVRAGES

2022 *La vie de Mâ Claire, Amour et double peine*, L'harmattan (roman)

2022 *Théodore MIERE, un homme visionnaire, éclairé et engagé*, L'harmattan (roman)

2022 *Claire MIERE, engagement auprès des veuves, Editions +*

2022 *Claire & Théodore MIERE, Paroles inspirantes, Editions +*

2013 *Ma Chrysalide est devenue papillon*, 20 ans après, Edilivre (roman)

2012 *Communication et Management Stratégique*, EUE (production scientifique).

CONTRIBUTION A DES OUVRAGES COLLECTIFS

(Comité scientifique de lecture, avec une évaluation en double aveugle)

2021 « TIC & Diaspora : Développement d'une communication de proximité », 2ème numéro de la collection *Communication et traces numériques*, aux Presses Universitaires de Rouen et du Havre (PURH), sous la direction de Fabien LIENARD & Sami ZLITNI, Université du Havre.

2016 "L'expression du discours politique congolais via les supports numériques" in *Communications publiques et organisationnelles : intersection des savoirs*, sous la direction de Sylvie ALEMANNO, Camelia BECIU, DENISA-Adrina OPREA, éditions comunicare-ro, juin 2016.

ARTICLES SCIENTIFIQUES

2022 « La communication des opérateurs de téléphonie mobile au Congo : providence, relationnelle ou compassionnelle? » **Avec Pr Jacques IBANEZ-BUENO, Université de Savoie Mont Blanc in la *Revue Française des Sciences de l'Information et de la Communication (RFSIC)*, mars 2022, https://journals.openedition.org/rfsic/13034**

2022 « Communication, lien social et mobilisation au Congo-Brazzaville », *REFSICOM* [en ligne], Métamorphoses de l'action citoyenne sur les réseaux numériques, mis en ligne le 28 février 2022, consulté le jeudi 24 mars 2022. URL: http://www.refsicom.org/1048

2020 «Des opérateurs de téléphonie mobile aux opérateurs financiers : usage du mobile money au Congo-Brazzaville », avec Privat Tiburce MASSANGA, doctorant en Sciences de l'information et de la communication Larequoi - l'Université de Versailles Saint Quentin en Yvelines, *Revue française des sciences de l'information et de la Communication* [En ligne], 20 | 2020, mis en ligne le 01 septembre 2020, consulté le 16 octobre 2020. URL : http://journals.openedition.org/rfsic/9767 ; DOI : https://doi.org/10.4000/rfsic.9767.

5-7, rue de l'École-Polytechnique – 75005 Paris
www.editions-harmattan.fr
ISBN : 978-2-336-40477-6
EAN : 9782336404776

A Claire & Théodore MIERE

A Elisabeth & Vincent BORIE

A Néferh Talie

A JC

Souvenirs de Massy, Pointe – Noire, Dolisie,
Brazzaville, Kergonan, Mantes la Jolie – Le Bec Hellouin

France – Congo

« Notre chemin à tous : faire penser ceux qui ne pensent pas, faire agir ceux qui n'agissent pas, faire des hommes et des citoyens »

Jean Macé (1815-1894)
Enseignant, journaliste et homme politique français (Sénateur).

« L'Homme connaît le monde non parce qu'il y dérobe, mais par ce qu'il y ajoute : lui-même »

Paul Claudel (1868-1955)
Dramaturge, poète, essayiste et diplomate français,
membre de l'Académie française.

REMERCIEMENTS

Je remercie le Pr Annie Bartoli, Directrice du Larequoi pour la qualité de son encadrement de ce parcours scientifique en France et au Congo, pour sa présence, sa confiance et son soutien dans mes projets de recherche et de publication académique.

Je remercie le Pr Philippe Hermel, Doyen honoraire de l'ISM qui m'a accepté au sein de l'Institut Supérieur du Management (ISM) et qui a facilité mon intégration au sein de l'équipe des enseignants-chercheurs du Larequoi.

Je remercie le Pr Assens, (codirecteur du Larequoi) et le Pr Côme, pour leur intérêt et leur considération.

Je remercie la Pr Nicole d'Almeida, Paris IV CELSA-Sorbonne qui a codirigé mon mémoire de HDR pour son intérêt pour ma personne et mes travaux.

Je remercie mes collègues qui ont soutenu scientifiquement le projet MODIM : Pr Missié, Pr Miyouna, Pr Loembé, Université Marien Ngouabi, Congo, Pr Michel Arnaud (Paris X Nanterre, France), Pr Jacques Perriault (CNRS, France), Pr Jacques Ibanez Bueno (Université de Savoie Mont-Blanc, Tiburce Massanga (Mucodec Congo et Université de Versailles Saint-Quentin en Yvelines), Nianga Goura et sa famille, Léopold Mayebola.

Je remercie les collègues du Larequoi et de l'IUT de Mantes en Yvelines qui lors des échanges formels ont, par leurs remarques, suggestions et observations, contribué à alimenter mes réflexions et attirer mon attention vers des améliorations possibles. Je les remercie.

Que tous mes amis et collègues de France et du Congo soient ici remerciés.

PREFACE

Pour Aristote, l'homme est un animal politique. Plus précisément, Aristote, pense que l'homme construit sa vie au contact des autres, dans une société (cité) régie par des lois et des coutumes, comme évoqué dans cette citation célèbre :

« *...la cité fait partie des choses naturelles et l'homme est par nature un animal politique, et que celui qui est hors cité, naturellement bien sûr et non par le hasard des circonstances, est soit un être dégradé soit un être surhumain, et il est comme celui qui est injurié en ces termes par Homère : sans lignage, sans loi, sans foyer.*"

Depuis l'Antiquité, les fondements philosophiques de l'existence n'ont pas changé. L'homme est toujours un animal social. Il éprouve le besoin grégaire de se regrouper avec ceux qui lui ressemblent, pour former des tribus, des communautés, des territoires ou des sociétés.

Ces regroupements par affinité élective ont pour objet de faire de la politique, de consommer, d'étudier, de se divertir, etc. Ils s'effectuent aujourd'hui à distance, grâce aux progrès technologiques et à l'avènement du téléphone mobile, comme l'explique à juste titre Théodora MIERE dans son ouvrage. Aujourd'hui, nous sommes entrés dans une société de communication où la politique est devenue un spectacle comme le souligne Roland Barthes. Dans ces conditions, il est nécessaire pour chacun d'être visible en permanence sur les réseaux sociaux, d'échanger régulièrement des informations, de nouer du lien social sur Internet, pour exister. Je communique donc je suis ! Quelles sont les conséquences de ce changement de mode de vie ?

Facteur d'émancipation et de liberté pour les uns, le téléphone mobile incarnerait le temple de la modernité comme une nouvelle agora. En pianotant sur un écran du bout des doigts, il serait alors possible de refonder la démocratie en écoutant la voix du peuple, de réduire la pauvreté par un partage plus équitable des ressources, de rendre accessible le savoir universel en abolissant les frontières.

Facteur d'aliénation pour les autres, le téléphone mobile ferait perdre tout sens critique par la disparition de l'écrit au profit de l'image dans la communication. Victime des écrans, la raison cèderait sa place à l'émotion, avec le risque de remettre en question le progrès scientifique comme fondement de notre civilisation. Quel paradoxe ! Si l'on songe que le téléphone portable n'aurait jamais pu voir le jour sans les progrès de la science qu'il contribue pourtant à rejeter, comme le montre l'augmentation sur Internet de la désinformation, de la propagande mensongère et de la manipulation des esprits.

L'humanité ne fera pas machine arrière. Il faut apprendre à vivre avec ces nouveaux outils de communication, en espérant les maîtriser avant qu'ils ne prennent le contrôle de nos vies. En cela, l'ouvrage de Théodora MIERE est particulièrement utile. Il nous fournit un mode d'emploi précieux du téléphone mobile, à partir de recherches menées au Congo, auprès d'une population avide de modernité, tout en étant attachée à ses traditions et à ses racines ancestrales.

Christophe ASSENS
Professeur de stratégie ISM-IAE Université de Versailles
Saint-Quentin-En-Yvelines.

SOMMAIRE

Introduction

La République du Congo, aussi appelée Congo Brazzaville pour la distinguer de son voisin : la République démocratique du Congo ou Congo Kinshasa, est située sur la rive ouest du fleuve Congo. C'est l'un des pays africains qui a le plus fort taux d'urbanisation, toutes ses zones urbaines étant situées entre le port de Pointe Noire (plus de 500.000 habitants) et la capitale Brazzaville (plus d'un million d'habitants). Aujourd'hui, cette urbanisation tend à s'étendre aussi dans le nord du pays (Owando, Oyo, Ouesso). Ancienne colonie française, le Congo a obtenu son indépendance avec la France en 1960. Brazzaville fut la capitale de la France libre pendant la seconde guerre mondiale et le Général de Gaulle y prononça le célèbre « discours de Brazzaville ». Le Congo-Brazzaville est l'un des pays africains producteurs de pétrole, dont les revenus pétroliers représentent 90% des revenus du pays en devises. D'importantes réserves de gaz naturel et de minerais ne sont pas encore exploitées. Le bois provenant des forêts naturelles du nord est la deuxième principale source de devises du pays.

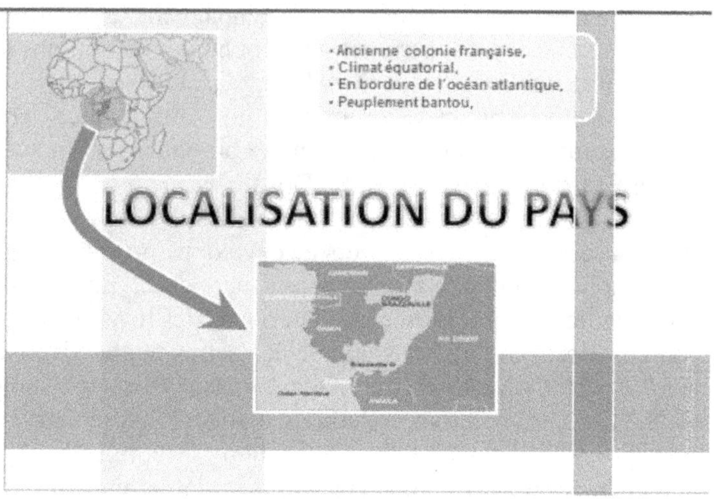

En 2010, lors d'un séjour de fin d'année à Brazzaville,

nous notons un engouement autour de la téléphonie mobile. Alors que nous avions le souvenir du Congo où le téléphone fixe était un luxe. Cette année-là, nous voyons des jeunes disposant d'un téléphone portable et des collègues en possession de deux ou trois téléphones portables. Le 31 décembre, c'est toute une communauté qui s'envoie des sms à l'occasion des vœux du nouvel an. Le phénomène nous a paru intéressant et nous a rappelé le même engouement en France au début du boom technologique, alors que nous étions en Thèse à France Télécom. Nous nous sommes alors demandées :

- Comment le Congo est-il passé d'un état de pénurie de téléphone fixe au développement de la téléphonie mobile ?
- Qu'est-ce qui explique le développement des usages de la téléphonie mobile ?

Pour mieux observer les modes d'appropriation innovants de la téléphonie mobile au Congo Brazzaville, nous avons fait le choix de nous servir de notre expérience sur le terrain à France Télécom pour mieux analyser le développement des usages au Congo Brazzaville et de proposer une collaboration avec les acteurs-clés du processus. Nous avons voulu nous intéresser aux nouvelles formes d'appropriation des technologies de l'information et de la communication, c'est-à-dire comment elles s'insèrent dans le tissu professionnel, culturel et local. Ainsi qu'aux transformations qu'elles accompagnent en Afrique disciplines, mais Subsaharienne francophone, en portant un regard croisé impliquant des chercheurs de plusieurs aussi des associations œuvrant sur le terrain : les pouvoirs publics. Nous avons également fait une observation des pratiques réelles sur le terrain à Brazzaville, Pointe Noire, Dolisie, etc.

Cet ouvrage s'organise en cinq parties. Dans la première partie nous aborderons les facteurs de développement des usages du téléphone mobile. Dans la deuxième partie, nous allons analyser le lien entre les réseaux numériques, les liens sociaux et la mobilisation des individus autour des actions collectives. La troisième partie va aborder les limites des usages de la téléphonie mobile. Nous consacrerons la dernière partie à la présentation de notre projet de recherche - action Modim, mobiles développement mutations qui a permis d'initier les étudiants aux sciences de la communication et attirer l'attention des professionnels et les pouvoirs publics sur l'utilisation des potentialités du téléphone mobile, par le développement des services innovants et la diffusion des messages à caractère formatif, informatif, commercial, environnemental et de santé publique. Ce projet s'est réalisé avec des applications pédagogiques, de la vulgarisation et de la communication auprès des pouvoirs publics et des populations.

I) Les facteurs de développement

Un secteur numérique en pleine expansion

En République du Congo, comme dans d'autres pays, le téléphone mobile a d'abord été limité à une catégorie de la population, la plus aisée, à cause de son coût. Le portable était ainsi, à l'image d'autres produits comme les voitures de luxe, un signe de pouvoir social, voire de virilité. C'était aussi un outil de rationalité, d'efficacité et d'utilité professionnelle. Il faut noter que, comme partout ailleurs en Afrique, la téléphonie mobile a connu une véritable explosion inattendue, dépassant les prévisions les plus optimistes des opérateurs. Pour Annie Chéneau-Loquay, ce succès s'explique par le fait, que le mobile est plus adapté à l'Afrique où les structures sociales sont complexes et la vie de relation très intense est basée sur l'échange de la parole (Chéneau-Loquay, 2011). Il faut y ajouter l'insuffisance du réseau téléphonique fixe, son service de qualité médiocre et ses coûts extrêmement élevés. C'est dans ce contexte que le téléphone mobile s'est progressivement substitué au fixe.

Plusieurs facteurs expliquent le développement des usages : l'intervention de l'État, la stratégie marketing et communicationnelle des opérateurs, la baisse des prix et le renforcement des liens sociaux et familiaux. Le rôle des expatriés a été également très important, ils ont profité de la baisse du prix des appareils et des communications dans les pays développés pour garder le contact.

En 2004, l'Union Internationale des Télécommunications a présenté l'Afrique comme « le nouveau marché de la téléphonie mobile, le plus dynamique du monde »[1]. La téléphonie mobile a connu une croissance très importante dans les pays africains (Alzouma, 2014) et au Congo en particulier. Le

---

[1] Source : International Telecommunication Union (ITU), « Africa, the World's Fastest Growing Mobile Market », Communiqué de presse, Genève, 26 Avril 2004. En ligne. <http://www.itu.int/newsarchive/press_releases/2004/04.html>. Consulté le 3 Avril 2013.

secteur est l'un des premiers destinataires d'investissement. Pour Evariste Dakouré, « en Afrique, le secteur de la téléphonie mobile est celui qui produit le plus d'intérêts financiers et attire de ce fait la convoitise de multinationales », parlant même de « l'intérêt stratégique du secteur des télécommunications en Afrique » (Dakouré, 2014, p. 6). Gado Alzouma estime que les chiffres de pénétration de téléphones mobiles attestent « un accès et une adoption qu'on dit inégalés par aucune autre technologie introduite sur ce continent au cours de l'histoire, une adoption présentée comme extraordinaire » (Alzouma, 2014, p. 7)[2]. Entre 2008 et 2011, le nombre d'abonnés est passé de 246 millions à plus de 500 millions soit plus de 50% de la population africaine »[3].

Sur le territoire congolais, la difficulté est de développer des réseaux numériques, dans des régions où il existe peu d'infrastructures pour des lignes fixes, suite à plusieurs décennies d'investissements insuffisants. Il existe d'autres obstacles, comme les énormes distances et le terrain parfois difficile d'accès. Malgré ces difficultés, l'Afrique est le marché des télécommunications le plus porteur dans le monde. La croissance moyenne de la pénétration cellulaire, au cours des cinq dernières années sur le continent africain, est estimée à 76%. En 2009, le taux de croissance annuel des abonnés mobiles a été estimé par l'Union Internationale des Télécommunications (UIT) à plus de 40% (Rigouzzo Luc, 2009, p. 2).

Le secteur de la téléphonie mobile a connu au Congo un développement spectaculaire et les abonnements dépassent les prévisions les plus optimistes des opérateurs, qui sont confrontés à des saturations et donc à des contraintes d'urgence d'extension.

Au Congo Brazzaville, les médias de masse sont peu efficaces, du fait de l'insuffisance du réseau électrique. Le téléphone mobile devient le seul moyen de communication

[2] Le journal La Tribune affirmait dans son édition du 20 novembre 2014 sur son compte Twitter que 93% des Africains ont accès à la téléphonie mobile, quand 59% disposent de l'eau courante.
[3] Source: Madanmohan Rao, Mobile Africa Report 2011 : Regional Hubs of Excellence and Innovation. En ligne. 2011. <http://www.mobilemonday.net/reports/MobileAfrica_2011.pdf>. Consulté le 28 février 2012.

auquel tout Congolais a accès de manière efficace et régulière, même en cas de coupure d'électricité. De novembre à décembre 2018, le Congo a connu d'importantes coupures d'électricité pendant 45 jours, pourtant nous avons noté que nos interlocuteurs au Congo ont pu poursuivre avec nous nos échanges et nos observations sur la communication sur WhatsApp, grâce au groupe électrogène. C'est dans ce contexte que les réseaux numériques s'intègrent dans le quotidien des individus. D'ailleurs, le marché de la téléphonie mobile arrive presque à saturation : 95% des Congolais de plus de 15 ans disposent d'un téléphone portable (source, RFI.fr du 20 février 2014). Les facteurs, qui ont favorisé ce développement, sont la libéralisation et la mise en place d'un cadre réglementaire, l'intégration des opérateurs de téléphonie mobile multinationaux (MTN, Orange, etc.) et la possibilité d'acquérir sur les marchés des téléphones à moindre coût : les terminaux sont abordables, le marché est désormais très couvert, grâce à l'élargissement de la couverture. Nous notons également le recours aux applications mobiles qui s'adaptent aux structures sociales et économiques.

Avant l'arrivée de la téléphonie mobile au Congo, le téléphone fixe était une rareté dans les foyers congolais. La téléphonie mobile a permis pour les tous membres d'un même foyer de pouvoir disposer d'un, voire de deux portables individuels. Ce qui a favorisé une gestion plus efficace des activités professionnelles, mais aussi des activités sociales. L'accès à Internet, via le téléphone mobile, a constitué progressivement une possibilité facile pour les populations hors zone de couverture des cybercafés. L'arrivée sur le marché de nouveaux fournisseurs et la proposition aux clients d'offres multiformes ont permis un développement de l'usage d'Internet. La concurrence entre les fournisseurs d'accès à Internet a permis, comme en France, une baisse de tarifs et à un public plus important de pouvoir se connecter. Désormais, tous les téléphones mobiles sur le marché congolais permettent l'accès à Internet et cela va des téléphones haut de gamme aux téléphones "*low cost chinois*" même s'ils n'offrent pas le même confort. La facilité d'accès et l'autonomie ont été ici des éléments déterminants.

I.1 Les améliorations technologiques et libéralisation des marchés

Les améliorations technologiques ont été un facteur de croissance essentiel, elles ont rendu la téléphonie mobile plus abordable et plus accessible. Les plateformes prépayées ont été perfectionnées, permettant aux clients, d'acheter du temps de communication à un tarif pouvant descendre jusqu'à 0,25 dollar par minute, de partager du temps de communication et même d'acheter du temps de communication à crédit. Les recharges de temps de communication sont de plus en plus innovantes et ciblent des segments de clientèle de plus en plus spécifiques. L'introduction de la concurrence a permis l'augmentation du taux de pénétration et la croissance du marché.

La libéralisation du secteur découlant d'un mouvement mondial auquel le gouvernement congolais a dû s'adapter (un peu comme en France) et l'arrivée de quatre opérateurs sur le marché ont permis de développer l'accès des Congolais à la téléphonie mobile. Pour Evariste Dakouré, le secteur des télécommunications en Afrique est aujourd'hui *« fortement libéralisé, privatisé, mais ces libéralisations imposées ont mis du temps à se réaliser* » (Dakouré, 2014, p. 6). Pour l'auteur, les raisons de cette libéralisation sont la mauvaise situation financière des opérateurs historiques mais également « *de vives oppositions au sein de ces pays* » (Dakouré, 2014, p. 6). Deux opérateurs de téléphonie mobile se partagent le marché congolais des télécommunications (MTN, AIRTEL). La concurrence entre les principaux opérateurs est très forte pour tenter de fidéliser les clients.

L'ARPCE, Agence de Régulation des Postes et des communications Electroniques, est l'autorité congolaise de contrôle, de suivi et de régulation des secteurs des postes et communications électroniques. Instituée par la loi n°11-2009 du 25 novembre 2009, l'ARPCE est un établissement public administratif, doté de la personnalité juridique et de l'autonomie financière. Elle est placée sous la tutelle du ministère en charge des postes et des communications électroniques. Les pouvoirs, qui au départ étaient tous détenus et confondus au sein de l'ONPT (Office National des Postes et Télécommunications), ont été éclatés en trois grandes lignes : l'exploitation des fréquences, de la tutelle et de la régulation du secteur.

Au ministère des télécommunications, une direction des nouvelles technologies est chargée de suivre l'évolution de ce secteur et surtout de proposer un cadre légal (que nous développerons dans la partie sur l'intervention de l'État).

Dans un secteur où les coûts d'entrée sont importants, les opérateurs multi-pays dominent le marché africain de la téléphonie mobile. Pour atteindre les bons équilibres en termes de coût et de prix et afin de rendre l'industrie attractive et d'augmenter les taux de pénétration des services, les opérateurs doivent profiter des rendements d'échelle. Comme peu de marchés atteignent la taille critique suffisante, les opérateurs cherchent à développer leur présence dans plusieurs pays. Ce modèle a conduit à l'émergence de conglomérats africains, tels que *MTN*, *South Africa*, *Zain Africa Group* ou *Orange Africa* (Zibi, 2009, p. 5) : « *ces groupes panafricains représentent 72% des abonnés en Afrique, près de 80% des revenus générés et près des trois quarts des investissements* » (*AfricaNext*, 2009). On assiste également à un développement de la coopération sud-sud avec des opérateurs venant du Moyen Orient (*Zain*, *Etisalat*, *Warid*), d'Afrique du nord (*Maroc Telecom*, *Lap Green Libya*) et plus récemment d'Inde (*Tata*, *Essar*, *Reliance*).

I.2 L'intervention de l'État

L'intervention de l'État, par son engagement financier, constitue un vecteur important dans le développement de l'usage des réseaux numériques en général et du téléphone mobile en particulier. Nous pouvons citer l'exemple de la France, où l'engagement de l'État, manifesté depuis la période du rattrapage téléphonique, n'a cessé de croître. L'État, grâce notamment à des discours prescriptifs et promotionnels et à des déclarations publiques, a accompagné la mise en place des réseaux numériques. En même temps, ce sont les organismes publics qui assurent le suivi des normes par les opérateurs (sécurité, service, etc.). Pour le gouvernement congolais, le développement de la téléphonie mobile et l'économie numérique sont devenus des sources de recettes importantes.

L'analyse du cadre sociotechnique de l'usage du téléphone mobile au Congo Brazzaville nous a mis en situation de comprendre les facteurs qui ont favorisé son développement, comme en France : les évolutions technologiques, le rôle de l'État, la baisse des prix des forfaits et des téléphones, etc. Il y a aussi des adaptations locales qui ont contribué à de nouvelles formes d'appropriation de la téléphonie mobile. Au Congo, il n'y a pas eu comme en France une stratégie de rattrapage téléphonique pour permettre à tout citoyen de disposer à domicile d'une ligne téléphonique, de services (urgence, annuaires, etc.) et de cabines téléphoniques. Avant l'arrivée de la téléphonie mobile au Congo, le téléphone fixe était une rareté dans les foyers congolais. La téléphonie mobile a permis pour les membres d'un même foyer d'avoir un ou deux portables individuels, ce qui est une nouveauté pour cette population. Ce qui permet une gestion plus efficace des activités professionnelles, mais aussi des activités sociales. Le Congo se caractérisant par des relations très denses entre individus et une diaspora très importante.

L'histoire des Télécommunications au Congo est liée à celle de la France, puisque le Congo est une colonie française jusqu'à son indépendance dans les années 60. Avant l'indépendance, le territoire congolais était desservi par le service des Postes, des télégraphes et des téléphones de l'administration coloniale. Les réseaux locaux dépendaient du ministère de la France d'Outre-mer, tandis que les réseaux internationaux, eux, dépendaient du *ministère Français des Postes et Télécommunications.* Les produits commercialisés étaient le télégraphe et le téléphone, en ce qui concerne les télécommunications. C'est en 1964, que l'*Office National des Postes et Télécommunications* a été créé sous la forme d'un établissement public à caractère industriel et commercial, succédant ainsi à l'*Office des Postes et des Télécommunications de l'Afrique Equatoriale française.*

L'ONPT, qui avait le monopole postal, téléphonique et télégraphique, ne fonctionnait pas comme celui des télécommunications internationales concédées à la société *France Câbles et Radio.* Suite à l'application d'une convention du 22 octobre 1960, les télécommunications internationales seront gérées par *Intelco*, une société congolaise dont les activités commerciales et le recouvrement des créances seront assurés par l'ONPT. Ces deux structures ont fusionné en 1978. La gestion des télécommunications Internationales va revenir à l'ONPT, qui sera chargé de l'exploitation du service public des postes et télécommunications sur toute l'étendue du territoire national et sur le plan international.

La période de 1997 à 2010 est marquée par la mise en place des réformes institutionnelles, par le déclin des réseaux publics des postes et des télécommunications et par le développement rapide des réseaux de la téléphonie mobile. Ainsi, les réformes institutionnelles ont permis l'ouverture des marchés, avec la libéralisation de certains services fournis par les opérateurs privés autorisés. Les missions de réglementation, de régulation et d'inspection étaient alors assurées par la DGACPT (*Direction Générale de l'Administration Centrale des Postes et des Télécommunications*), créée en 1989.

Le projet *La nouvelle espérance,* lancé en 2002 par le gouvernement congolais, avait pour but de lancer le processus d'amélioration de la couverture nationale dans le domaine des télécommunications. Ces mesures se sont traduites, sur le terrain, par la séparation des entités *Postes et télécommunications* (*Office Nationale des Postes et Télécommunications* devenue *Société des Télécommunications du Congo*, SOTELCO) et de la *Société des Postes du Congo* (SOPECO) qui intègre la *Caisse Nationale d'Epargne.* L'objectif était d'assurer la formation de cadres moyens et supérieurs, tant sur le plan technique qu'économique, dans le domaine des nouvelles technologies de l'information et de la communication. Les autres objectifs étaient de consolider un cadre légal et réglementaire libéral pour favoriser l'investissement et de développer le service d'accès universel sur le territoire, selon des modalités que le gouvernement devait encore déterminer, notamment en matière de participation financière des opérateurs à ce service. En novembre 2002, les nouvelles technologies ont été rattachées au ministère des Postes et Télécommunications. Ce ministère a décidé d'organiser en mars 2003 ses premières journées portes ouvertes à Brazzaville et à Pointe-Noire, qui ont réuni les principaux acteurs du secteur, à travers un volet d'expositions et de conférences sur les enjeux des réseaux numériques dans le développement.

Le secteur des télécommunications a pendant longtemps été sous la tutelle de l'ONPT (*Office National des Postes et Télécommunications*). Créée en 1967, ladite structure avait pour mission la gestion des services postaux et financiers de la Poste (chèques postaux et la Caisse nationale d'Epargne) et d'exploiter et de développer tous types de réseaux de télécommunications. En 1997, la Loi n° 14-97 du 26 mai 1997, portant sur la réglementation du secteur des télécommunications, va entraîner d'importantes réformes dans ce secteur et mettre fin au monopole de l'ONPT[4].

En 2001, dans le cadre du programme de restructuration et de privatisation des entreprises publiques, l'ONPT, opérateur public monopolistique, a été dissout par ordonnance présidentielle n° 8-2001 du 1er juillet 2001, laquelle prévoyait la création de deux entités à caractère public, industriel et commercial : SOTELCO (*Société des Télécommunications du Congo*) et SOPECO (*Société des Postes et Épargnes du Congo*). S'en sont suivies, courant 2003, la séparation effective des activités des postes et télécommunications et la transformation de SOTELCO en société anonyme unipersonnelle. En 2008, suite à un plan de redressement pour cause de difficultés d'ordre économique et de gestion, la SOTELCO deviendra *Congo Telecom.*

La réforme de ce secteur a entraîné l'établissement et l'exploitation de réseaux radioélectriques et la fourniture des services téléphoniques radioélectriques (cellulaires, etc.) par des opérateurs privés. Le marché du secteur des télécommunications concerne, pour l'essentiel la fourniture de services de la téléphonie fixe et à la faveur de son ouverture par la loi n° 14-97 susvisée, la téléphonie mobile, la transmission des données et l'Internet.

---

[4] C. M Djouob, *Quelle politique de relance d'un réseau fixe en république du Congo ?,* BADGE: Brevet d'Aptitude délivré par les Grandes Écoles, Ecole Nationale Supérieure des Télécommunications, Paris, 2005, P.14

Pour revenir à la comparaison entre le France et le Congo en matière de télécommunications, pour deux organismes ayant eu « un ancêtre commun », la situation du Congo n'a rien à voir avec celle de la France, où au départ, c'est une entreprise privée qui a en charge la fourniture du service téléphonique, elle sera nationalisée plus tard. Lorsque l'on remonte dans l'histoire des télécommunication en France, c'est le gouvernement français qui a décidé de mettre en place une vraie politique du rattrapage téléphonique, avec des moyens importants, des actions concrètes, des structures pour former ingénieurs et techniciens des télécommunications (ENST), et surtout un *Centre National d'Etudes sur les Télécommunications* (CNET), devenu ensuite *France Télécom Recherche & Développement* (*France Télécom* R&D), qui a permis à la France d'atteindre la position de leader, ceci même avant l'arrivée des opérateurs privés. En France, nous avons également noté la présence, lors de notre thèse de Doctorat à France Télécom, d'une association des usagers, avec des débats publics accueillant le ministre Paul Quilès et ouvrant à la réflexion autour du service public et du service universel, etc.

Même si les télécommunications françaises et congolaises ont été rattachées à une même institution pendant la période coloniale, leur développement ne sera pas le même par la suite. Il faut savoir que le Congo a connu depuis son indépendance des périodes troubles, marquées par des guerres civiles coûteuses sur le plan humain (morts, blessés, déplacés, etc.) et matériel (destruction d'un nombre considérable d'infrastructures). Le processus démocratique lancé en 1990 se met en place progressivement, avec plus ou moins de difficultés. Il demeure également une certaine conception de la gestion publique. Lorsque la France lance sa politique de rattrapage téléphonique en 1970, le Congo fête ses dix ans d'indépendance et connaît ensuite une période d'instabilité politique. Au sortir de cette période, ce n'est pas l'État mais des entreprises privées de téléphonie mobile qui vont donner une impulsion aux télécommunications. Les entreprises publiques de presque tous les secteurs économiques sont en faillite, du fait d'une mauvaise gestion. Le « *discours de conviction dogmatique* », très employé à *France Télécom*, est aussi très utilisé par le Ministre des Télécommunications, lequel doit justifier, à l'heure actuelle, les réorganisations qui touchent les entreprises publiques de télécommunications (Congo-Télécom) : *« Sur la problématique de la restructuration, il faut partir de deux constats : primo, la nécessité de recentrer l'opérateur sur son métier et sa vocation, c'est-à-dire fournir des services de téléphonie aux populations. Secundo, lui donner un statut juridique conforme à cette vocation. Le statut actuel, la SAU (*Société anonyme unipersonnelle*) est inadapté à la gouvernance souhaitable pour un opérateur de télécoms, et interdit toute alliance stratégique, ou toute privatisation, même partielle »* ; « *La concurrence a eu un effet positif : baisse importante des tarifs et amélioration de la qualité des services* » (Thierry Moungalla, entretien avec des internautes dans le groupe BDL de Facebook, 2013) et aussi dans un communiqué du ministère des Télécommunications diffusé par *TV Congo*, la première chaîne de TV congolaise[5] .

Ce sont des individus, qui ont en charge la mise en place de cabines téléphoniques très rudimentaires, qui permettent à ceux qui n'ont pas de téléphone ou de crédit de pouvoir téléphoner. Les individus se sont également organisés pour mettre en place des stations de recharge des téléphones portables, en cas de coupure d'électricité.

Avant les années 2000, il était très difficile de joindre une personne par téléphone au Congo. Nous avons pu observer et suivre cette évolution, ayant nous-mêmes de la famille sur place.

Les sociétés de téléphonie mobile *Celtel Congo* et *Libertis*, devenues respectivement *Zain* et *MTN*, seront les premières à acquérir les licences d'installation et d'exploitation des réseaux de téléphonie mobile de type GSM, en 1999. Auparavant, en 1995, un réseau de téléphonie mobile de type D-AMPS s'était installé au Congo, sur autorisation spéciale du Gouvernement.

L'investissement le plus visible de l'État congolais concerne les infrastructures. Ainsi le projet *Central African Backbone* est un projet de coopération de la Banque mondiale et

---

5 http://www.congo-site.com/Telecommunications-la-SOTELCO-devient-Congo-Telecom_a4847.html (consulté le 30 novembre 2014).

des Etats d'Afrique Centrale, qui vise à impulser la dynamique nécessaire pour la construction des infrastructures de télécommunications de Très Haut-Débit dans la Sous-région. Les activités de ce projet, dont l'objectif est la mise en place d'un réseau haut débit et l'interconnexion des pays de la Communauté économique et monétaire de l'Afrique centrale (CEMAC), ont été lancées en 2011.

Cofinancé par le Congo et la Banque mondiale à hauteur de 30 millions de dollars US, le projet CAB favorise la disponibilité des points de connexion Internet dans l'ensemble des départements du Congo, ainsi que l'accès, aux pays de la sous-région, à des services de télécommunications de qualité et de coût réduit. Il s'inscrit dans le cadre d'un programme comportant trois modules. Le premier module est le projet WACS, qui assure la connexion du Congo au système mondial haut débit, *via* un câble sous-marin à fibre optique qui a atterri à Pointe-Noire. Le deuxième concerne le déploiement terrestre de la fibre optique. Et enfin, le troisième est lié à la mise en œuvre d'une « *cyber-stratégie* » impliquant l'ensemble des couches sociales du pays.

L'analyse du contexte général permet de se rendre compte d'une volonté de la part du gouvernement congolais où l'émergence du pays, l'informatisation de la société et l'économie numérique sont posés comme des secteurs prioritaires. Pour preuve, les différents forums sur l'économie numérique organisés en France et au Congo qui sont caractérisés par un appel à la diaspora. Car si le Congo a décidé de "prendre le chemin du développement", il manque sur place des personnels compétents et le recours à la diaspora est une des pistes choisies par le gouvernement.

L'État congolais a aussi financé un autre projet lié à la mise sur le marché d'une tablette et de téléphones adaptés au contexte africain. Vérone Mankou, vingt-sept ans, entrepreneur et président-fondateur de la société congolaise *VMK*, a conçu la première tablette et le premier Smartphone africains. Il a été nommé conseiller du Ministre des Postes et Télécommunications. Son ambition est de mettre à la disposition du plus grand nombre d'Africains des outils de communication de qualité, capables de rivaliser avec les grandes marques, mais à un prix abordable (entretien avec l'auteur, Brazzaville, juillet 2012). Vérone Mankou a reçu de nombreux prix : en 2011 à Abidjan le prestigieux *Africa Telecom People Award* pour « *la meilleure initiative privée* » et en 2013, *Forbes* le classait dans le Top 30 des « *meilleurs entrepreneurs africains de moins de 30 ans* » et l'hebdomadaire économique et financier « *Les Afriques* » le plaçait dans son Top 12 des « *hommes de l'année en Afrique* ».

Les téléphones proposés par Vérone Mankou sont en concurrence, sur le terrain, avec ceux beaucoup moins chers qui viennent de Chine et de Dubaï.

enquête

« Si VMK entre un jour en Bourse, ce sera sur le Nasdaq. »
VÉRONE MANKOU

En 2013, « Forbes » l'a classé dans le Top 30 des « meilleurs entrepreneurs africains de moins de 30 ans ».

Vérone Mankou, le « Steve Jobs » congolais

TÉLÉCOMS // Il faut mettre des visages sur le boom économique à l'œuvre sur le continent africain. Le Congolais Vérone Mankou, vingt-sept ans, fait partie de cette génération d'entrepreneurs pour lesquels tout semble possible.

Les points à retenir

Source : *Les Echos, 20 janvier 2014*

I.3 Les insuffisances du réseau téléphonique fixe

Jusqu'en 2002, le réseau local filaire était détenu par l'ancienne PTT congolais, SOTELCO. Ce réseau existait dans toutes les grandes villes, mais était mal entretenu et saturé (82% à Brazzaville et 85% à Pointe-Noire) avec un service de qualité médiocre à des coûts extrêmement élevés. Les infrastructures de transmission de télécommunications nationales (faisceaux hertziens), mal réparties, sont délabrées dans la zone nord. Celles de la zone sud ont été réhabilitées et en partie louées par l'opérateur privé CELTEL. Les artères de transmission n'ont aucun moyen, ni de débordement, ni de secours et ni même de maillage, ce qui rend le réseau très vulnérable. Trois stations terriennes, reliées au satellite Intelsat "602", ont été inaugurées au Congo, l'une à Brazzaville, l'autre à Pointe Noire et la troisième à Oyo au Nord du pays. Les infrastructures limitées à trois villes ne peuvent répondre aux besoins de toute la population.

Jusqu'à la fin des années 90, avoir un téléphone fixe constituait un luxe pour une majorité de Congolais. L'accès était réservé à une minorité de Congolais et aux services administratifs. Pour téléphoner d'une cabine, le Congolais moyen devait se rendre dans un bureau de poste. Ceux qui avaient de la famille à l'étranger étaient joints en général sur la ligne d'un voisin ou, sur leur lieu de travail. Selon Alain Ndalla, jusqu'en 2004, le nombre d'abonnés au téléphone fixe est estimé à 15 000 pour une population de 2,8 millions d'habitants. Selon l'auteur, 10 000 demandes étaient en attente, dont 3300 nouvelles demandes (Ndalla, 2004, p. 5). Pour déposer une demande de ligne fixe auprès de l'ONPT, le Congolais moyen devait verser au préalable une caution d'un montant de 100 000 francs CFA (environ 150 euros) et attendre pendant une durée moyenne d'une année avant d'avoir une ligne.

Le Ministre des Télécommunications du Congo soutient que c'est la destruction du réseau national durant la guerre civile au Congo en 1997 qui a incité l'État congolais à se tourner vers les opérateurs privés : *« La réalité : suite aux conflits, le réseau télécom fixe a été presqu'entièrement détruit. Plus de fixe donc. C'est cette réalité qui a poussé l'Etat, en 1998, à octroyer la première licence GSM de l'histoire du Congo, à CELTEL du soudanais Mo Ibrahim. Depuis 2005, l'État reconstitue les infrastructures de Congo Telecom, notamment avec l'installation de trois centraux téléphoniques dits NGN, à Pont Noire, Brazzaville et Oyo. D'autre part, il a été fait le choix de la Technologie CDMA, dite de « fixe mobile » qui permettra de couvrir rapidement villes et zones rurales* », (Ministre Thierry

Moungalla, entretien avec les internautes dans le groupe *Facebook BDL*, 2013).

Ainsi, le coût des terminaux très élevé, et les communications téléphoniques très chères n'incitaient pas bon nombre de Congolais à demander l'ouverture d'une ligne. Dans un pays où les infrastructures de transports sont déficientes et où la téléphonie fixe n'a jamais réussi à se développer, le téléphone mobile s'est donc substitué au téléphone fixe en tant qu'outil principal (Zhen-Wei Qiang, 2009, p. 8). Actuellement, pour la téléphonie mobile, il n'y a plus de caution à verser, plus de délais d'attente et un coût d'accès plus intéressant que pour le téléphone fixe. Il est aussi possible, pour les membres d'une même famille, de disposer chacun de son numéro de téléphone et de gérer chacun ses appels : « *A Dolisie, on avait le téléphone fixe à la maison... Aujourd'hui on a trop de portable en main pour une seule personne. Un cousin a moi a 4 numéros de portable.... Il me dira que c'est à cause de problème de réseaux* », Régis, 45 ans. On comprend dans ces conditions pourquoi le nombre de mobiles a dépassé largement celui du fixe (Alzouma, 2014).

I.4 Les services proposés, la baisse des prix

Le prix a joué un rôle très important dans le processus de diffusion du numérique et du téléphone mobile au Congo. Le prix de l'appareil a été pendant longtemps un premier obstacle dans l'accès au téléphone mobile. Le coût de l'appareil et le prix des télécommunications ont expliqué, au départ, l'absence de motivation à s'équiper. Les Congolais disaient ne pas en ressentir le besoin, ni professionnellement, ni pour leurs communications privées. En dehors des appareils *made in China* bon marché, il s'est développé un marché d'occasion où se vendent des téléphones à des prix modiques, des téléphones de seconde main, où se déploient de petits vendeurs de rues, des réparateurs de téléphones et des cabines téléphoniques ambulantes. Ce sont en fait des individus qui acquièrent deux ou trois téléphones portables et qui facturent l'usage de ces appareils (Alzouma, 2014).

C'est ici que nous utiliserons le concept de « *modes d'appropriation innovants des TIC* ». C'est Gado Alzouma et Annie Cheneau-Loquay qui le définissent le mieux : « *Il s'agit de multiples modes d'appropriation et d'usages nouveaux chez les utilisateurs africains qui font preuve d'ingéniosité et d'inventivité pour faire face aux coûts d'utilisation, à l'absence de compétences techniques et aux changements rapides de la technologie dans un environnement marqué par la pauvreté et l'analphabétisme* » (Alzouma, *RFSIC*, 2014, Cheneau-Loquay, 2012). Comme l'écrit Annie Chéneau-Loquay, les utilisateurs africains « *emploient des ruses, du bricolage et des détournements pour s'inventer une manière personnelle* (…) *de s'approprier les technologies* ». Dans le cas africain, c'est l'extrême pauvreté de l'environnement matériel et technologique qui est à l'origine des innovations et c'est pourquoi ces dernières sont, le plus souvent, plus sociales que technologiques. Elles sont d'autant moins technologiques qu'à la pauvreté matérielle se conjugue la pauvreté culturelle au sens de culture technique ou de compétences techniques qui auraient permis aux usagers d'agir sur l'objet (Alzouma, *RFSIC*, 2014 p. 10) ou d'en tirer un meilleur bénéfice. C'est le cas du Congo où nous avons constaté que l'utilisation du téléphone mobile se limitait à émettre et recevoir des appels et des sms. L'usage social se construit à travers un réseau d'interactions, où les plus jeunes aident les plus âgés, les plus instruits les moins instruits et ceux qui sont à l'extérieur du pays ayant bénéficiés des politiques d'accessibilité et de vulgarisation du numérique aident ceux qui sont à l'intérieur.

Les opérateurs ont ainsi proposé des produits et services adaptés aux besoins des utilisateurs. MTN dispose de plusieurs services adaptés, comme *Allo libota* qui permet d'appeler quatre correspondants de son choix (seulement ceux de MTN), comme *Me2u*, qui permet de transférer le crédit à un autre correspondant MTN et comme *Call me*, qui permet d'envoyer un message à un correspondant en lui demandant de le rappeler. Dans les adaptations locales relatives à l'usage de la téléphonie, il y a la possibilité pour les Congolais, pour éviter de payer le coût des appels téléphoniques, de « biper » son interlocuteur, c'est-à-dire appeler et laisser sonner puis raccrocher avant que l'appelé ne réponde. « *C'est une pratique très courante de l'usage du téléphone mobile en Afrique* » (Azoulma, 2014). Pour ceux qui voyagent, les opérateurs de téléphonie mobile proposent des services de *roaming* : désormais, les Congolais peuvent être joints, *via* leur numéro local, lorsqu'ils séjournent hors du pays.

AIRTEL dispose aussi de services, comme *Le Refill*, qui permet de transférer le crédit et comme le *Post-Paid*, qui permet à une société de prendre l'abonnement au niveau de AIRTEL, mais cette société a un compteur d'appel qui lui sera facturé depuis AIRTEL. Pour s'abonner, la société doit verser une caution de 300.000 francs CFA (450 euros).

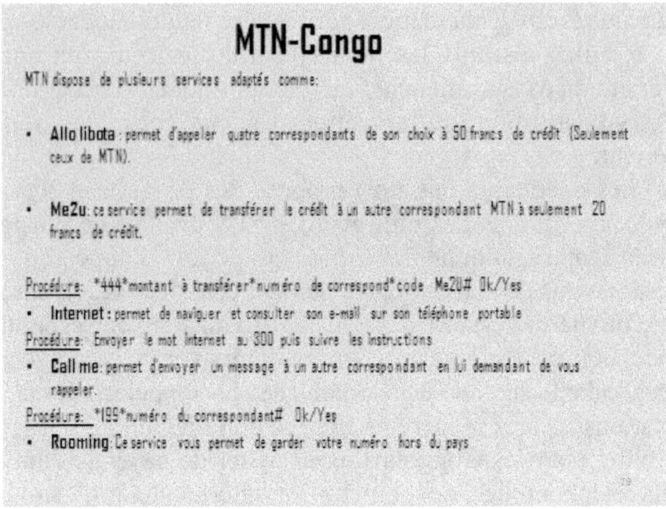

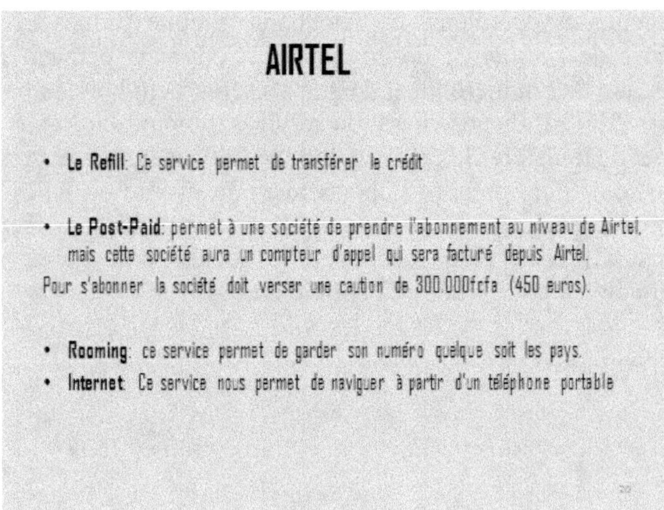

A l'instar de la France, dans les médias « radio et télévision », il y a un nombre important d'émissions où l'on invite le public à poser des questions *via* son téléphone portable et à interagir avec le présentateur ou l'invité. Autre usage à relever, le téléphone fait aussi office de « torche », dans un pays caractérisé par une insuffisance d'éclairage public et de difficultés régulières dans l'approvisionnement d'électricité.

La spécificité du marché congolais est la possibilité qu'un individu puisse transférer du crédit à un autre, qu'on puisse offrir du crédit téléphonique, qu'on puisse demander à une tierce personne de rappeler lorsque l'on n'a plus de crédit avec des services comme *me 2 U*. C'est cette adaptation aux spécificités locales qui a fait le succès des opérateurs de téléphonie mobile. Au Congo, comme dans beaucoup de pays d'Afrique, la vie en communauté est très importante, ce sont les individus qui mettent en place des actions pour faire vivre la communauté, du fait de l'insuffisance des investissements publics comme dans les hôpitaux etc. C'est une société animée par des valeurs de partage et dans ce contexte, partager du crédit, donner son vieux téléphone à un cousin sont des éléments qui se sont inscrits dans des habitudes existantes. C'est dans ce contexte de pauvreté, caractérisé par le fait que les individus se partagent « le peu qu'ils ont », qu'ils vont transposer cette nécessité de partage à la téléphonie mobile. Les opérateurs de téléphonie mobile l'ont bien compris en adaptant leurs offres à ce fonctionnement particulier de la société congolaise, ce sont les fameuses adaptations locales dans les usages du numérique en général et de la téléphonie mobile en particulier. Il est possible au Congo de se partager des crédits téléphoniques : « *quand je n'ai plus de crédit, j'appelle mon beau-frère, il me met du crédit* ».

Il y a donc une intégration significative de l'objet technique dans la vie quotidienne des individus. Pour Philipe Breton et Serge Proulx « *il est évident que des éléments du contexte socio-historique, de nature culturelle, économique, ou politique sont des facteurs qui peuvent peser dans l'acception ou le rejet d'une innovation technique présente à tel ou tel moment de l'histoire d'une société. L'innovation trouvera ainsi résonance dans tel ou tel contexte économique ou culturel favorable qui constitue alors son terreau de développement* »[6].

---

[6] P Breton, S Proulx, Op. cit. p.253, p.263

Au Congo, comme partout dans le monde, au-delà des chiffres inespérés, on voit se dessiner des pratiques inattendues : transfert d'argent, de crédit et *call me*, elles ont servi de modèles pour la mise en place de nouveaux produits. On peut aussi évoquer les usages de la téléphonie mobile dans les pratiques religieuses, dans la mobilisation sociale et notamment lors des manifestations à caractère politique. Il convient cependant de souligner que les services, qui ont été développés, sont des services « *commerciaux* », au sens strict du mot avec des spécificités locales intéressantes à analyser, comme le transfert de crédit d'un individu à un autre. Il n'y a pas eu d'impulsion, pour le développement des services à valeur ajoutée, des autres secteurs de l'activité socio-économique comme dans les autres pays africains (mobile-learning, etc.) (cf. travaux du Pr Arnaud, université de Nanterre présentés au séminaire international et interuniversitaire du Larequoi/ISM en avril 2011). Le même Congolais, qui dispose de deux ou trois portables, ne peut pas contacter un service lorsqu'il se trouve en situation d'urgence, il n'existe pas comme en France des applications (journaux, transports, météo, cours, etc.), ce qui limite l'usage de la téléphonie mobile.

Le Mobile money[7]

Dans certains pays africains, les institutions financières proposent de plus en plus de services de banque à distance, *via* la téléphonie mobile, afin de développer et de diversifier leurs offres. De nouvelles applications, telles que M-PESA au Kenya sont utilisées pour le transfert d'argent, l'achat de produits courants, payer son taxi. Au Congo, depuis peu, les habitants ont la possibilité de régler leur facture d'eau et d'électricité via mobile money.

---

[7] «Des opérateurs de téléphonie mobile aux opérateurs financiers : usage du mobile money au Congo-Brazzaville », avec Privat Tiburce MASSANGA, doctorant en Sciences de l'information et de la communication Larequoi - l'Université de Versailles Saint Quentin en Yvelines, *Revue française des sciences de l'information et de la Communication* [En ligne], 20 | 2020, mis en ligne le 01 septembre 2020, consulté le 16 octobre 2020. URL : http://journals.openedition.org/rfsic/9767 ; DOI : https://doi.org/10.4000/rfsic.9767.

Le transfert d'argent peut être défini comme une sorte de virement « bancaire » que des établissements de crédit, des institutions de microfinance, des opérateurs de téléphonie mobile ou d'autres organisations proposent au public via un compte bancaire. Le processus du transfert s'effectue entre un expéditeur et un récepteur. Le transfert d'argent peut aussi se faire de compte à compte bancaire, par virement électronique ou par la transmission des espèces par le biais d'une entité intermédiaire aux plans national, sous régional ou international. Le mobile money est un portefeuille dans le téléphone mobile. C'est un système de micro-financement et de transfert d'argent par téléphone mobile, lancé en 2007 au Kenya par Vodafone et Safaricom. Cette technologie s'est déployée au-delà des limites africaines et permet à des populations de bénéficier des services financiers de proximité auxquels ils n'avaient pas accès. Les entreprises de télécommunications MTN et Airtel ont positionné Mobile Money comme un produit de proximité, fiable, facile, rapide et très efficace. La publicité est omniprésente, dans les médias classiques (Télévision, radio, presse écrite, affichage) ou dans les nouveaux médias comme Internet ou encore dans les hors médias. Les avantages sont la proximité, la rapidité. C'est un système qui est partout dans le monde, (grâce à une stratégie de distribution intense) accessible également dans les milieux ruraux. Il permet d'effectuer des transactions entre population (envoi et retrait d'argent rapide), dans des pays avec des taux de bancarisation très faibles.

Le phénomène de paiement, de retrait et d'envoi d'argent par téléphone mobile connaît depuis quelques années une expansion significative au Congo. C'est en 2014 et 2015 que les sociétés de téléphonie mobile se sont lancées dans la proposition des services de mobile money.

Ce système défiant toute concurrence s'est ancré dans le quotidien des Congolais devenant le numéro 1 des transactions au-delà des acteurs historiques de transferts d'argent mobile. On note sur le terrain des collaborations avec entre les opérateurs de téléphonie mobile (AIRTEL et MTN) et les banques (ECOBANK, MUCODEC). Au départ, les opérateurs se sont heurtés à de nombreuses difficultés en matière d'activation client. Actuellement, les services d'argent mobile accessibles par guichet permettent aux clients de devenir des utilisateurs réguliers avant même d'avoir un compte. A titre illustrations MTN mobile money assure la couverture en 4G des villes de Brazzaville, Pointe-Noire, D'oliviers, Oyo et Ouesso et de toutes les autres grandes villes du pays en 3G.

Le Mobile Money est accessible à toutes les bourses : frais de dépôts et de retrait très bas, ce qui entraine une concurrence avec les établissements spécialisés dans le transfert d'argent.

Des transactions financières à l'aide d'un portable permettent également de payer les factures de biens et services (supermarché, station services, pharmacie et des factures SNE SNDE canal plus, hôtels, cafés, carburant, restaurants, payer les salaires, Star Time, transférer, recevoir, retirer de l'argent, acheter du crédit de communications, gestion du compte) et envoyer ou recevoir de l'argent au Congo et à l'international.

La proximité et l'aspect pratique sont les principaux atouts du Mobile Money. L'individu est dispensé de longues files d'attente devant les guichets. Les individus peuvent payer une ordonnance, payer les frais de santé, les frais de scolarité, le carburant etc. On note une association avec des entreprises : Canal+, Les grands restaurants, Casino, E2C, ce qui permet un paiement à distance des factures.

Pour des populations privées de comptes bancaires, le Mobile Money est un moyen de sécuriser les ressources. Il se développe, mais il persiste des limites à son utilisation : la réglementation, l'inexistence d'association de consommateurs, la lourdeur dans le traitement des situations d'erreurs de numéro, la porosité des systèmes de réseau, la non-maîtrise de l'utilisation du service, le piratage du compte des abonnés. Les clients n'ont pas la maîtrise du fonctionnement du service et il se pose également des problèmes de confiance.

POINT
MOBILE MONEY
POINT
airtel
money

Point agréé Mtn Mobile Money
- DEPOT
- RETRAIT
- Ouverture de Compte
- Paiement des Factures
- Transfert d'argent
- Vente des Sims
- Réactivation
- Identification
- Me2u

Note : Panneaux publicitaires devant les boutiques Mobile Money

- Le coût de l'abonnement téléphonique

Le coût de l'abonnement au mobile est de 5000 FCFA (environ 8 euros), contre 200.000 (environ 300 euros) pour le téléphone fixe. La baisse du coût des appels, pratiquée par les deux principaux opérateurs (150 à 250 francs FCFA la minute la communication locale et de 500 à 1000 FCFA la minute de communication internationale), a permis de multiplier par plus de 20, le volume des appels. Le prix des appels internationaux reste cependant très élevé. Les différents acteurs du marché des télécommunications au Congo espéraient, que l'entrée de MTN dans la téléphonie mobile allait permettre de baisser rapidement le coût des communications à l'international, l'un des plus élevés du monde avec en moyenne 600 FCFA la minute, soit près d'un euro.

Moins coûteux, le SMS se présente désormais comme un complément des services téléphoniques vocaux. De nombreux utilisateurs ont au moins deux cartes SIM, c'est-à-dire qu'ils ont souvent deux portables, afin d'éviter les frais « entre réseaux ».

En effet, les opérateurs facturent souvent plus lourdement les appels vers leurs concurrents, que les appels au sein de leur réseau. Si un des réseaux ne fonctionne pas, on peut toujours être joint sur l'autre numéro de portable. Grâce à un meilleur accès au réseau et au fait que les combinés sont de plus abordables, les services de téléphonie mobile occupent maintenant une place significative dans les dépenses des ménages.

Les prix des téléphones ont été fortement réduits, grâce à l'introduction de combinés à bas coût, disponibles à 10 euros environ. Tous les utilisateurs au Congo-Brazzaville ont recours à la formule utilisant des cartes prépayées, ce qui leur permet de contrôler leur consommation, sans avoir à s'engager *via* des abonnements mensuels fixes. La majorité des consommateurs congolais appartient au secteur informel. Au sein de ce secteur, le consommateur ne réunit pas les instruments de paiement habituels dans les transactions du secteur formel : chéquiers, comptes bancaires, prélèvement automatique, etc. Le système de paiement par la carte prépayée a donc été adopté et généralisé. Pour les opérateurs, les services à prépaiement réduisent le risque du crédit. Pour les consommateurs qui ne réunissent pas les conditions requises pour disposer d'un service d'abonnement et pour ceux qui ont un faible revenu, le service mobile devient accessible, renforçant ainsi le taux de pénétration dans les zones rurales.

Les deux opérateurs offrent des possibilités de navigation sur Internet, *via* le téléphone portable. Ce qui a permis un développement des usages du téléphone portable. Pays de l'Afrique centrale, le Congo a connu une période marquée par des guerres civiles, pendant laquelle les citoyens apprenaient les nouvelles locales *via* les radios étrangères, comme RFI et sur les télévisions locales pro-gouvernementales. La possibilité avec Internet d'avoir accès à plusieurs sources d'information s'est vite révélée comme une nécessité pour les habitants.

En république du Congo, avoir l'accès Internet chez soi reste un luxe que peu de Congolais peuvent s'offrir. Dans le contexte africain, la problématique de l'accès à Internet a été l'objet de nombreuses recherches. Annie Chenneau Loquay dresse un bilan plutôt mitigé de l'accès à Internet en Afrique. « *Dans les centres villes des capitales, centre d'affaire de Dakar ou d'Abidjan ou de Libreville se trouvent les cybercentres ''high-tech'' fréquentés surtout par les touristes, les étrangers, les hommes d'affaires, les étudiants. Plus on va vers les quartiers pauvres et dans les petites villes, plus les télécentres et les cybercentres privés se raréfient* »[8]. Elle poursuit en exposant les caractéristiques des lieux d'accès à Internet en Afrique. *« Les cybercentres sont des micro-entreprises que l'on crée sans souvent disposer des compétences requises et avec du personnel formé sur le tas et très mal payé. Ils sont devenus une affaire du secteur "informel" et qui dit secteur informel, dit réduction des coûts, créativité mais aussi fragilité. Les centres associatifs seulement dédiés à l'Internet ont des problèmes parce que le secteur informel casse les prix et compense dans d'autres services, ventes de matériels, photocopie, photographie ».*

Les cybercafés sont donc un passage obligé pour tout Congolais souhaitant surfer sur Internet. Les tarifs des cybercafés ont diminué, surtout dans les quartiers populaires où l'heure de la connexion à Internet coûte désormais 350 francs CFA (50 centimes d'euros). Cependant, les cybercafés ne se trouvent pas dans tous les quartiers des grandes villes et leur insuffisance d'équipement (une dizaine d'ordinateurs, une imprimante, des téléphones portables pour ceux qui font également cabine téléphonique) ne permet pas de satisfaire toutes les demandes. Au fil du temps, des avertissements de type « *interdiction formelle de consulter des sites pour adultes* » ou « *il est strictement interdit de télécharger jeux, logiciels et vidéos* », ainsi que les horaires contraignants, les longues distances (il faut parfois parcourir des kilomètres pour consulter ses mails) et les problèmes d'électricité, ont contraint les jeunes à s'équiper en Smartphone pour pouvoir naviguer beaucoup plus librement. Pour Gado Alzouma, *« la pauvreté et plus particulièrement la pauvreté des usagers expliquent aussi l'invention de solutions alternatives pour accéder à Internet ou au téléphone mobile. En raison de leur coût élevé, l'acquisition d'un ordinateur, les*

---

[8] Annie Chenneau Loquay, *Modes d'appropriation des TIC en Afrique subsaharienne,* Actes des troisièmes Universités africaines de la Communication, Ouagadougou, Burkina Faso, Novembre 2006. p.157, cité par Bossoto, 2010.

abonnements à Internet et les formes individuelles d'accès à Internet sont hors de portée de la plupart des usagers. Par exemple, il a été calculé que l'accès à Internet est beaucoup plus cher dans un pays comme le Niger qu'il ne l'est dans les pays développés » (Alzouma, *RFSIC*, 2014 p. 10). Lors de notre étude sur le terrain en août 2014, nous nous sommes entretenue avec 20 usagers du cybercafé de l'Institut français et du quartier populaire de Brazzaville. Nous avons observé qu'en moyenne, deux Congolais sur cinq fréquentent, au moins une fois par semaine, un cybercafé et c'est souvent un public jeune. Même si l'on remarque de plus dans plus dans la capitale Brazzaville et dans les grandes villes comme Pointe Noire, que des seniors les fréquentent. Sur les motivations des Congolais à utiliser les cybercafés, sont majoritairement citées, la recherche d'informations, la lecture de mails et l'utilisation de réseaux sociaux.

Avec la mise sur les marchés des téléphones *bon marché* venant de Chine, les Congolais ont opté pour une acquisition des mobiles afin de s'affranchir de la dépendance des cabines ou des cybercafés où les tarifs sont exorbitants, « *chez ma mère, chaque habitant a un téléphone portable, lorsque le sien ne fonctionne pas, je peux contacter d'autres personnes pour lui parler*».

L'accès Internet, *via* le téléphone mobile, a constitué progressivement une possibilité facile pour les populations hors zone de couverture des cybercafés. Au départ, l'accès à la messagerie électronique, *via* le téléphone mobile, a constitué un élément important dans les usages du numérique pour s'étendre aux réseaux sociaux et à d'autres sites d'informations.

L'arrivée sur le marché de nouveaux fournisseurs et la proposition aux clients d'offres multiformes, en attendant le déploiement effectif de la fibre optique, ont permis un développement de l'usage d'Internet. La mise à disposition de l'outil informatique dans les entreprises a permis aussi à des individus d'y avoir accès sur le lieu de travail. Le Congo fait désormais partie des 30 pays africains les plus développés dans le domaine des TIC[9].

---

[9] Source : http://www.afriqueitnews.com/2014/12/01/liut-publie-un-classement-des-pays-africains-les-plus-developpes-dans-les-tic/.

Aujourd'hui, le marché de la téléphonie mobile et de l'accès Internet est occupé par des fournisseurs d'accès comme *Yattoo*, *Alink Télécom*, *Wifly*, *Global Broadcasting Solutions*, *AMC Télécom*, *DRTV Net* et aussi par des opérateurs de téléphonie mobile comme *Congo Télécom*, *Airtel*, *MTN*, *Warid* (racheté par le groupe *Bharli*) et *Azur*. La concurrence entre les fournisseurs d'accès à Internet a permis, comme en France, une baisse de tarifs et à un public plus important de pouvoir se connecter.

Comme en France, les clés 3G, pour environ 30 euros le mois, permettent à tout Congolais équipé d'un ordinateur de pouvoir se connecter chez lui.

Désormais, tous les téléphones mobiles, sur le marché congolais, permettent l'accès à Internet et cela va des téléphones haut de gamme aux téléphones *low cost* « chinois », même s'ils n'offrent pas le même confort. La facilité d'accès et l'autonomie ont été ici des éléments déterminants à leur développement.

1.5 La stratégie de communication des opérateurs

En République du Congo, la radio, la télévision et l'affichage sont les médias les plus « consommés » par la population. Ce sont ces médias que les opérateurs de téléphonie mobiles utilisent pour faire la promotion de leurs services. L'industrie de la bière et les opérateurs de téléphonie mobile sont précisément les deux secteurs qui ont développé un type de marketing agressif et omniprésent (Zibi, 2009, p. 4). Ils utilisent également les panneaux publicitaires et sponsorisent de nombreux événements sportifs et culturels. Les messages publicitaires sont axés sur l'usage particulier et le côté utilitaire, en insistant sur les réels services : gestion du temps et de l'urgence. Dans le même temps, les messages publicitaires mettent également en avant le confort, l'univers de rêve, l'imaginaire et les sentiments avec un discours de séduction, dans un pays où l'apparence compte beaucoup et où il est important d'acquérir le dernier objet à la mode. Les services de téléphonie mobile deviennent ainsi très visibles. L'objectif principal reste quand même d'inciter les clients à consommer. Les opérateurs de téléphonie mobile réalisent des économies d'échelle en faisant des campagnes publicitaires identiques et une communication unique, quel que soit le pays. En effet, ces opérateurs ont la même identité visuelle au Congo Brazzaville, au Kenya, etc. Cette stratégie a permis la construction d'une image puissante et transnationale.

Le marketing est l'ensemble des moyens utilisés par une entreprise pour inciter ses cibles à l'acte d'achat du produit ou d'un service. Il permet de faire connaître le produit, la marque ou un service au public. Une bonne stratégie marketing permet à l'entreprise d'occuper une place importante sur le marché face à ses concurrents.

La publicité est le principal outil utilisé par les opérateurs en matière de sensibilisation du produit. La plupart d'entre eux sont d'avis, qu'une campagne nationale de publicité est le meilleur moyen de lancer un service d'argent mobile. La présence généralisée de publicité renforce la confiance des clients potentiels. Les médias les plus utilisés en matière de campagnes de sensibilisation sont : La télévision, la radio et les affichages extérieurs comme les panneaux ou le marquage des bus. La portée de chacun de ces médias varie d'un marché à l'autre. Les campagnes de lancement d'argent mobile présentent leur plateforme, expliquent leurs services offerts et communiquent aux utilisateurs les principaux avantages de leurs services. Sachant que celui-ci, identifie un avantage clé du produit pour un groupe d'utilisateurs donné, aide considérablement à concentrer les efforts de la campagne.

La stratégie de communication consiste à fidéliser la clientèle et à assurer la visibilité de l'entreprise, tout en proposant des offres et des services. Le premier objectif est affectif, l'entreprise cherche à créer une relation entre la marque et le consommateur. Le second objectif est de faire connaître la marque. L'e-réputation est, de nos jours, importante pour les entreprises. Les réseaux sociaux sont incontournables, ce sont des outils fondamentaux et puissants qui permettent aux entreprises de faire connaître leurs nouveaux produits, de faire adhérer la cible à l'éthique et à l'image de l'entreprise. Il s'agit également de se démarquer de la concurrence, de séduire, de s'engager et de fidéliser le consommateur.

Pour que les visiteurs soient attirés sur le site des entreprises, il faut les convertir en prospects, puis en clients. Celles-ci doivent proposer du contenu à forte valeur ajoutée. Ce contenu doit répondre aux attentes de la cible, satisfaire un de leur besoin et de permettre de s'informer. Les médias sociaux offrent également la possibilité d'avoir une visibilité, une notoriété ou augmenter le chiffre d'affaires.

Les individus sont très nombreux sur les réseaux sociaux et le public est très large.

MTN et Airtel sont présents sur les réseaux[10] pour mieux gérer leur image et faire de la publicité. C'est une vitrine virtuelle pour proposer des biens et des services, qui permet de cibler son public, de développer un chiffre d'affaires, d'avoir une meilleure image, et de proposer les meilleures offres possibles à ses clients ou prospects.

Il s'agit également d'étendre leur influence auprès des internautes, de mieux informer les personnes qui les "suivent" sur ces réseaux, de recruter des employés qui répondent à leurs critères de sélection.

La diffusion de contenus permet d'accroître la fidélisation en créant des activités, du buzz, des actualités pour développer la notoriété et la visibilité des entreprises.

Il s'agit également de prospecter, d'acquérir de nouveaux clients, de fidéliser les clients, de générer de nouvelles opportunités, de mesurer la réputation de l'entreprise tout en publiant du contenu généré adapté à leur cible.

---

[10] « La communication des opérateurs de téléphonie mobile au Congo : providence, relationnelle ou compassionnelle? » Avec Pr Jacques ibanez-Bueno, Université de Savoie Mont Blanc in la *Revue Française des Sciences de l'Information et de la Communication (RFSIC),* mars 2022, https://journals.openedition.org/rfsic/13034

MTN

Nouveau
+NAVIGATION GRATUITE
PACK MATABISSI
Au 06 950 50 50
Toutes vos questions trouvent une réponse.
MTN

Comment éviter le VIH ?
Comment se transmet le VIH ?
Au 06 950 50 50
Toutes vos questions trouvent une réponse.
MTNFoundation
MTN

AIRTEL
UNIVERSITÉ DE
VERSAILLES
ST-QUENTIN-EN-YVELINES
ISM
INSTITUT SUPÉRIEUR
DE MANAGEMENT
toi aussi, sois libre
d'aller partout
airtel
airtel

MTN
UNIVERSITÉ DE
VERSAILLES
ISM
INSTITUT SUPÉRIEUR
DE MANAGEMENT
Au 06 950 50 50
Toutes vos questions
trouvent une réponse.
MTN
Nouveau
+ NAVIGATION GRATUITE
PACK MATABISSI
1Téléphone

Notes : Panneaux publicitaires des trois opérateurs dans le paysage congolais

I.6 La recherche d'efficacité

Aujourd'hui, le marché mondial exige une grande efficacité. Les entreprises africaines, entre autres, sont confrontées pour la plupart à la mondialisation de l'économie et à la gestion du changement. Les décisions doivent être prises plus rapidement, les produits doivent être de meilleure qualité, tout en restant concurrentiels sur les prix. L'accès immédiat à l'information est devenu le facteur clé du succès (Rallet, 1995). Dans un contexte de plus en plus concurrentiel, la compétitivité est désormais liée à la capacité de maîtriser les échanges informationnels. De même, face aux changements technologiques, la communication intervient dans l'accompagnement, car elle soutient l'appropriation de la technologie par les acteurs des nouvelles pratiques induites et elle permet une répartition d'accès (Durampart, 1998).

Les contraintes, liées à la mondialisation des activités et à la concurrence internationale, incitent les entreprises africaines à des réorganisations internes régulières, pour améliorer la productivité de leurs employés et à renforcer leurs communication interne et externe afin d'assurer un haut niveau de satisfaction à leurs clients, leurs actionnaires et leurs employés. Brigitte Guyot considère les circuits et les systèmes d'information à l'intérieur de l'entreprise comme des « *indicateurs des changements en cours dans les organisations* » (Guyot, 2000). Olivier Lavoisy et Dominique Vinck ont constaté que les objets de communication participent à la construction d'une identité de l'entreprise, surtout dans le cas de la fusion de deux entités précédemment rivales tout autant que complémentaires (Lavoisy, 2000) et donc agissent sur les représentations. Ils donnent du sens aux activités. De même que leur usage n'est pas donné comme acquis. Michel Lacoste souligne d'ailleurs que l'usage de ces objets n'est pas complètement prévisible ou programmable. Il y a des glissements, des détournements et des adaptations, donc une part d'aléas et d'imprévus que l'entreprise doit savoir gérer (Lacoste, 2000). Les raisons sociales ne sont pas les seules à inciter les Congolais à acquérir un téléphone portable, en effet en matière économique, l'initiative individuelle est très développée au Congo. Ainsi, pour faire des « affaires » et pour contacter les clients et les fournisseurs, il est important de se doter d'un outil efficace et de pouvoir être joint.

Ce sont surtout des hommes et femmes d'affaires, des commerçants et des artisans qui ont un besoin croissant d'efficacité et de communication : ils utilisent le téléphone portable dans une visée instrumentale. Il s'agit ici de faire face aux besoins et aux exigences professionnelles, pour une gestion plus fine du temps et de l'urgence. La possibilité d'être joignable à tout moment permet de gérer les informations utiles à l'activité professionnelle. Au Congo Brazzaville, la vente à crédit est souvent la règle pour tous types de produits (vêtements, montres, bijoux, biens de consommation, etc.). Le téléphone mobile permet au commerçant, après l'achat de ses marchandises et pour ceux qui vendent à domicile, de fixer un rendez-vous avec ses clients et de les relancer. Cela évite ainsi des déplacements, qui induisaient des coûts directs et indirects (transport en commun, temps passé sur la route et déplacement inutile si le client n'est pas présent à son domicile). On note également une meilleure gestion et une meilleure organisation des structures économiques existantes : par exemple, dans les hôtels, les bars et les restaurants, les employés polyvalents peuvent contacter leurs fournisseurs et producteurs et être joints pendant la fermeture de l'établissement ou durant leur absence.

L'ambassade de France à Brazzaville (Congo) a mis en place un numéro de téléphone spécial MTN pour la prise de rendez-vous pour toute demande de visa. Devant le développement des écoles privées, il devient facile de contacter les établissements afin d'avoir des informations pratiques sur la scolarité, les résultats, etc.

Parmi nos interviewés, peu nombreux sont ceux qui disent utiliser WhatsApp dans le but d'une plus grande efficacité économique. Ce sont surtout ceux qui sont au Congo et qui, en plus de construire des liens avec leurs proches, ont besoin de prendre des décisions plus rapidement et donc de joindre leurs collaborateurs. De ce fait, l'accès immédiat à l'information est devenu le facteur clé du succès (Rallet, 1995). Pour mieux situer les enjeux du numérique dans la sphère professionnelle des entreprises congolaises et tunisiennes, nous avons analysé le contexte de fonctionnement des entreprises africaines et les raisons qui ont motivé le recours au numérique, ce qui nous a permis de présenter les spécificités régionales d'usage.

Sur place, il convient de distinguer les entreprises à capitaux locaux et les entreprises à capitaux étrangers. Les premières réussissent à se hisser au niveau de la compétition internationale. Les secondes ont intégré les méthodes de gestion rationnelles, mais néanmoins originales. Elles atteignent, en productivité et en qualité, des performances de niveau international, mais souffrent d'une conception dirigiste de la conduite des affaires (complaisance, détournement des règles, etc.) et d'un management qui se caractérise par de la pesanteur hiérarchique et par une conception taylorienne et dirigiste de la conduite des affaires.

L'obsolescence des infrastructures, l'insuffisance des réseaux de télécommunications et le sous-équipement en matériel informatique constituent le contexte dans lequel évoluent ces entreprises. En Tunisie comme au Congo, il a été constaté que les infrastructures locales ne répondent pas aux besoins et que la volonté politique et celle des dirigeants de ces entreprises ne va pas dans le sens d'une vulgarisation du numérique au sein de la société et de l'entreprise. Les outils les plus utilisés sont le site web et le courrier électronique.

Malgré cela, l'insertion du numérique répond à des nécessités immédiates de circulation de l'information et de la mise en coopération du travail. Les entreprises de Tunisie et du Congo font face à des contraintes d'adaptation et de flexibilité de la production. Pour elles également, la circulation plus rapide et plus fiable des informations devient un élément majeur de fonctionnement et d'organisation. Les entreprises sont obligées de s'adapter à un environnement mouvant et de suivre les différentes transformations. Le constat, à la suite de l'étude menée en 2004, est que l'introduction du numérique n'est pas une condition *sinequanone* d'une bonne circulation de l'information, car l'utilisation des réseaux numériques dans ces entreprises reste un privilège réservé aux cadres et aux donneurs d'ordres. L'outil technique en lui-même est considéré comme un luxe dont seuls les patrons et les cadres peuvent en faire usage. Les dirigeants ont vu dans les DISTIC la possibilité de consulter les banques de données sur les matières premières, d'avoir les dernières informations sur les principaux marchés mondiaux, d'être en contact avec la maison mère et de communiquer avec les autres membres de l'entreprise. L'usage se limitait, à l'époque de cette étude, à l'émission du courrier et à l'accès à des bases de données, ignorant les multiples autres possibilités exploitables avec un minimum de connaissances en anglais et en informatique.

Le succès de l'introduction des réseaux numériques repose sur une acculturation des cadres dirigeants et des salariés à ces nouvelles technologies. Il y a également l'importance de la sensibilisation et la démonstration des opportunités que peuvent offrir les réseaux numériques, mais aussi l'importance de mettre en réseau (échange) les différents salariés, pour des échanges d'expériences dans un souci d'apprentissage et de diffusion des informations. Internet doit être activement promu, en l'intégrant explicitement aux tâches de certains employés. La formation doit être étendue, tout comme l'accès à Internet. Le défi est alors la recherche de stratégies, de méthodes et de supports appropriés de sensibilisation et de démonstration, à l'endroit de la grande masse des utilisateurs potentiels des informations pertinentes existantes et véhiculées par les réseaux numériques.

Nos observations plus récentes sur le terrain, dans les grandes villes du Congo, Brazzaville, Pointe Noire et Dolisie nous ont permis de constater qu'un nombre important de salariés bénéficie d'un accès personnel aux réseaux Internet ou Intranet. L'informatisation de l'entreprise est entrée dans la culture des entreprises qui disposent désormais de pages web présentant leurs activités. Il est de plus en plus question du Green IT au Congo. A la vue de cette informatisation, des débats furent organisés, pour savoir comment faire pour que les entreprises gèrent au mieux les réseaux numériques pour des raisons d'ordre écologique. Nous avons participé à l'atelier « Green IT » au forum économie verte à Pointe Noire avec les responsables informatiques de grands groupes comme TOTAL, avec des prestataires Green IT ainsi que des représentants des pouvoirs publics. Les Congolais participent désormais aux débats, qui visent à réduire l'empreinte écologique, économique et sociale, des technologies de l'information et de la communication (TIC). Il s'agit d'une manière globale et cohérente de réduire les nuisances rencontrées dans le domaine des équipements informatiques et ce, « du berceau jusqu'à la tombe », de chaque équipement : soit aux différents stades de fabrication, d'utilisation (consommation d'énergie) et de fin de vie (gestion/récupération des déchets, pollution et épuisement des ressources non renouvelables).

Comme en France, les entreprises congolaises utilisent les réseaux numériques pour une meilleure circulation des informations et un meilleur travail collaboratif. Une observation *in situ* lors de nos séjours à Brazzaville, Pointe-Noire, Dolisie (les trois plus grandes villes du Congo) révèle que de nombreux individus, sur le territoire, profitent de l'accès à Internet qu'ils ont sur le lieu de travail, à leur temps de pause, et utilisent les réseaux numériques à des fins personnelles et politiques. En effet, avant le développement d'Internet Mobile, c'est dans les entreprises que les possibilités d'accès à Internet sont plus intéressantes en termes de débit, d'accessibilité individuelle, de coût (plus besoin de se rendre dans un cybercafé. En effet, ils vont souvent sur *Facebook* et sur les sites des individus de la « diaspora » pour s'informer et pour avoir des informations que les médias classiques (TV, radio, journaux, etc.) ne véhiculent pas. Internet permet aux individus d'échapper à la propagande constante sur les médias classiques et offrent des alternatives en termes de contenus d'information. En fait, le développement des technologies de l'Information et de la Communication a permis à l'opposition congolaise, souvent en exil, de créer des sites Internet : *Mwinda, Zenga Mambou,* dont l'objet principal est la révélation des affaires scandaleuses concernant les autorités congolaises (arrestations arbitraires, détournements de fonds, difficultés rencontrées par la population, etc.), la dénonciation des scandales publics survenant au Congo et en Afrique, des comportements des autorités jugés « indignes » à leur fonction et offre la possibilité d'interagir avec d'autres grâce aux forums de discussion, etc. Pour les Congolais, les TIC offrent la possibilité d'une ouverture au monde et pour les opposants aux autorités, un mode d'expression privilégié et une possibilité de mobilisation et d'atteindre une partie de la population.

I.7 La création d'emplois : téléphonie mobile, source de revenus

Les Congolais ont vu, dans la vente de recharge téléphonique et l'ouverture de cabines téléphoniques, une possibilité d'avoir des revenus. Dans un pays où le taux de chômage est important, avec l'existence d'une économie informelle, les effets sur l'emploi sont significatifs. Le secteur dispose ainsi d'une main-d'œuvre abondante. Pour Annie Chéneau-Loquay, les sociétés de téléphonie mobile sous-traitent la distribution des cartes prépayées à des grossistes et semi-grossistes, qui ont leurs propres réseaux de revendeurs. Des centaines de jeunes trouvent ainsi un petit emploi dans le secteur de la téléphonie mobile : vente et réparation de téléphones portables, décodage, vente de cartes de recharge, recharge électrique (on peut citer l'exemple de la naissance d'une nouvelle activité économique : des particuliers détenteurs d'un groupe électrogène qui proposent le rechargement de batterie de téléphone mobile moyennant une participation financière) (Chéneau-Loquay, 2009). L'introduction des téléphones mobiles a vu se développer les « *cabines téléphoniques* », ce sont des particuliers qui proposent ce service moyennant 150 francs CFA la minute (20 centimes d'euros). Ces cabines téléphoniques, aussi rudimentaires soient-elles, ont permis néanmoins des créations d'emplois. Certains services au particulier (salon de coiffure, maison de couture, etc.) se sont dotés de téléphones mobiles, ce qui leur permet de gérer le flux de la clientèle et la gestion des commandes. Cependant, certaines actions continuent à se faire par le bouche à oreille, comme l'achat ou la location d'une maison. Les États africains et les multinationales ne sont pas les seuls à bénéficier des avantages économiques de la démocratisation grandissante du numérique en Afrique. Le secteur de l'économie informelle dans ces pays profite aussi de l'accessibilité grandissante à ces dispositifs (Alzouma, 2014).

Le développement de la téléphonie mobile permet la mise en place des services, comme la location d'appartement, la vente de maisons, etc. Il est difficile aussi de quantifier l'impact des réseaux numériques sur l'économie congolaise. Certains auteurs, comme Guy Zibi, directeur général d'*Africa Next*, disent que « *dans certains pays, les télécommunications constituent l'une des principales sources d'investissement direct étranger, souvent supplantées uniquement par les industriels du pétrole et du gaz* » et également que les revenus et les dépenses relatives aux télécommunications contribuent aujourd'hui à hauteur de 5%, voire de 10% du PIB dans de nombreux pays (Zibi, 2009, p. 5).

On peut constater sur le terrain que le secteur de la téléphonie mobile contribue directement et indirectement à favoriser l'emploi, en particulier par l'établissement de réseaux étendus d'agents, de fournisseurs et de sous-traitants, qui génèrent des recettes publicitaires (impact sur les autres secteurs de l'économie). Pour faire face à cette demande, plusieurs écoles souvent privées proposent au Congo des formations en Réseaux et Télécommunications, de niveau BAC+2 à BAC+5.

Les opérateurs de téléphonie mobile *MTN* et *AIRTEL* communiquent désormais sur leur stratégie à destination des jeunes et des partenariats sont mis en place pour recruter des stagiaires, pour suivre leurs formations et leurs encadrements au sein des entreprises. Ainsi, des partenariats ont été mis en place avec plusieurs écoles.

Le développement du haut débit mobile, les réseaux sociaux, les Smartphones et les tablettes numériques entraînent une connexion permanente. La convergence numérique est la tendance de plus en plus affirmée, chez les concepteurs à développer des appareils multifonctions (Alzouma, 2014). Ces évolutions technologiques ont permis le développement de l'Internet Mobile et ont offert la possibilité aux Congolais qui ne pouvaient acquérir un ordinateur pour des raisons de coûts de se connecter sur le réseau. Nombreux sont donc les congolais de plus en plus équipés de smartphone qui prennent des photos et des vidéos pour poster sur leur page Facebook. Il peut s'agir des événements de leur vie personnelle, mais du fait des échanges que les réseaux sociaux permettent, du fait de la mobilisation collective qu'elle engendre, les individus partagent de plus en plus les événements de la vie politique et l'explosion du 4 mars a joué le rôle d'accélérateur de ce processus. En Afrique, d'une manière générale, le contexte d'usage du numérique se caractérise par des problèmes d'électricité (Dakouré, 2014, p. 5). Face à cette réalité socio-économique « les agents sont doués d'autonomie et à ce titre, ils bricolent, contournent, détournent, inventent et s'approprient de façon originale, personnelle, les techniques introduites dans leurs sociétés » (Dakouré, 2014, p. 6). Les individus jouent un rôle actif dans l'appropriation de la technologie (Alzouma, 2014). Pour Josiane Jouët, l'appropriation est l'ensemble des significations subjectives et sociales de l'outil, elle se construit dans la relation avec l'objet de communication et l'usage comporte donc de facto une dimension cognitive et empirique (Jouët, 2000, p. 502).

Avec l'introduction des réseaux numériques dans la sphère professionnelle et le développement de l'Internet mobile, les échanges sur les réseaux s'intensifient. Pour les Congolais de tous les pays, la communication numérique est celle qui permet de s'informer, de collaborer, de participer et de se mobiliser. Lorsque que la question de la révision de la constitution se pose au Congo, et Internet devient le lieu de l'affrontement entre les partisans du « oui » et les partisans du « non ». Cet espace public « virtuel » est intéressant à analyser, en se demandant comment les réseaux numériques permettent de construire une expression individuelle, de renforcer des liens entre les individus qui résident à l'intérieur et à l'extérieur du même pays et comment cela s'inscrit dans de nouvelles formes de mobilisation via les réseaux sociaux (la construction d'un collectif et la participation au débat public). Une attention particulière sera accordée aux stratégies d'acteurs, aux modes d'énonciation, leur évolution et la motivation des acteurs dans la production des données.

II) Réseaux numériques, liens sociaux et mobilisation

Le développement du haut débit mobile, les réseaux sociaux, les Smartphones et les tablettes numériques entraînent une connexion permanente. La convergence numérique est la tendance de plus en plus affirmée, chez les concepteurs à développer des appareils multifonctions (Alzouma, 2014). Ces évolutions technologiques ont permis le développement de l'Internet Mobile et ont offert la possibilité aux Congolais qui ne pouvaient acquérir un ordinateur pour des raisons de coûts de se connecter sur le réseau. Nombreux sont donc les congolais de plus en plus équipés de smartphone qui prennent des photos et des vidéos pour poster sur leur page Facebook. Il peut s'agir des événements de leur vie personnelle, mais du fait des échanges que les réseaux sociaux permettent, du fait de la mobilisation collective qu'elle engendre, les individus partagent de plus en plus les événements de la vie politique et l'explosion du 4 mars a joué le rôle d'accélérateur de ce processus. En Afrique, d'une manière générale, le contexte d'usage des réseaux numériques se caractérise par des problèmes d'électricité (Dakouré, 2014, p. 5). Face à cette réalité socio-économique « les agents sont doués d'autonomie et à ce titre, ils bricolent, contournent, détournent, inventent et s'approprient de façon originale, personnelle, les techniques introduites dans leurs sociétés » (Dakouré, 2014, p. 6). Les individus jouent un rôle actif dans l'appropriation de la technologie (Alzouma, 2014). Pour Josiane Jouët, l'appropriation est l'ensemble des significations subjectives et sociales de l'outil, elle se construit dans la relation avec l'objet de communication et l'usage comporte donc de facto une dimension cognitive et empirique (Jouët, 2000, p. 502).

Avec l'introduction des réseaux numériques dans la sphère professionnelle et le développement de l'Internet mobile, les échanges sur les réseaux s'intensifient. Pour les Congolais de tous les pays, la communication numérique est celle qui permet de s'informer, de collaborer, de participer et de se mobiliser. Lorsque que la question de la révision de la constitution se pose au Congo, l'Internet devient le lieu de l'affrontement entre les partisans du « oui » et les partisans du « non ». Cet espace public « virtuel » est intéressant à analyser, en se demandant comment les réseaux numériques permettent de construire une expression individuelle, de renforcer des liens entre les individus qui résident à l'intérieur et à l'extérieur du même pays et comment cela s'inscrit dans de nouvelles formes de mobilisation via les réseaux sociaux (la construction d'un collectif et la participation au débat public). Une attention particulière sera accordée aux stratégies d'acteurs, aux modes d'énonciation, leur évolution et la motivation des acteurs dans la production des données.

II. 1 La contribution des Congolais de l'extérieur

Avec le Pr Alain Kiyindou, nous sommes intéressés, dans un article publié dans « *Etudes de communication* », aux réseaux virtuels et reconstruction, au lien social et à l'identité dans la diaspora noire (Kiyindou, Miere-Pélage, 2012). La Diaspora « *noire* » est composée des populations issues de la déportation africaine, à l'époque de la traite esclavagiste du XVe au XXe siècle, des migrants et de leurs descendants. Pour les institutions internationales, cette diaspora est le socle des politiques de co-développement. Cette diaspora a vu dans le développement du numérique, la possibilité de revendiquer une identité collective noire qui ne cesse d'augmenter, une identité culturelle et ses spécificités et de reconstruire le lien rompu avec la communauté d'origine : « *comme si la technologie se mettait soudain à recoller les fragments de la vie sociale, à rompre l'isolement et à souder les fractures* » (Kiyindou, 2012, p. 3).

Dans un article daté du 21 février 2014, le site *lecercle.lesechos.fr* affirmait que : « *les diasporas jouent un rôle important dans l'équilibre économique de nombreux opérateurs de par l'importance des revenus générés par les appels internationaux entrants qui peuvent représenter jusqu'à 25% du chiffre d'affaires global des opérateurs et une part encore bien plus importante des profits* » (*lecercle.lesechos.fr* du 21 février 2014, page 2). Certains opérateurs de téléphonie locaux avaient par ailleurs, envisagé la mise en place de transferts internationaux de crédit téléphonique, mais c'est un service qui n'a pas rencontré beaucoup de succès. La contribution des Congolais de la diaspora se fait à plusieurs niveaux, au niveau des appareils et aussi du trafic généré.

Recréer le lien social ou lutter contre la rupture sociale par l'utilisation des moyens de communication n'est pas chose nouvelle. Dans le passé, les diasporas issues de l'esclavage se sont appuyées sur les moyens de communication à leur disposition, pour lutter contre cet isolement. Ils ont pu, à travers les chants, les danses, les contes, reconstituer le lien social et perpétuer la mémoire. Mais le lien avec la famille et les membres de la communauté d'origine s'est surtout fait avec le courrier, puis le téléphone, c'est ce qui a permis aux membres de l'étranger de participer à la vie du groupe. En Afrique noire, les expatriés ont joué un rôle important dans le développement des usages des TIC (Kiyindou, 2008, p. 162).

Le Congo-Brazzaville est un pays d'Afrique centrale qui a connu de fortes vagues d'émigration du fait des difficultés politiques et économiques. Cette diaspora est répartie sur plusieurs continents, la plus importante est en Europe, mais aussi en Amérique et en Afrique Centrale. Répartis dans les pays comme la France, l'Italie, le Canada, les Etats-Unis, l'Afrique du Sud et le Mexique, ces « *Congolais de l'extérieur* » sont des Congolais qui ont dû partir de chez eux pour des raisons d'ordre politique, ou parce que sur place, les conditions de vie n'étaient pas satisfaisantes (santé, éducation, etc.). Le mauvais fonctionnement des services de télécommunications locaux (téléphone et courrier) a été, pendant des années, un frein à la communication entre Congolais de l'extérieur et ceux restés au pays. Par sa gratuité, sa facilité de téléchargement et d'utilisation et donc une maîtrise technique et cognitive du dispositif avancé par Patrice Flichy, *Facebook* a permis une communication entre les individus (issus d'un pays) répartis à travers le monde, il a permis de rester en contact avec les amis, les parents, et de se voir grâce à des photos mises en ligne, etc. (Flichy, 2003).

Au Congo, les interactions avec la communauté[11] sont

[11] En Afrique et au Congo en particulier, un individu est rattaché à une communauté, une famille élargie en général dans laquelle on trouve ses parents, ses oncles, ses tantes, ses neveux, nièces avec lesquels il entretient une relation

régulières et importantes, c'est ce qui explique la nécessité du maintien d'une présence à distance pour les Congolais de l'extérieur, dans un environnement dans lequel une famille élargie se gère comme une entreprise et ceux qui sont partis continuent à être mis à contribution dans les activités qui concernent la famille. Les services postaux ne fonctionnent pas bien, ce qui entraîne des difficultés de communication entre les Congolais qui sont dans les différentes régions du pays mais également avec les Congolais qui sont « partis » du pays.

La reconstruction identitaire est le premier objectif affiché, pour beaucoup d'Africains et de Congolais, les relations ont été rompues du fait de l'éloignement physique : les morts ne sont plus honorés, les cercles et les mutuelles ne sont plus fréquentés, ce qui renforce le déséquilibre identitaire. Avec les forums électroniques et le développement des *chats* vocaux (*skype*), on voit s'organiser des réunions de famille *via* Internet, où chacun, après les salutations d'usage, prend la parole tout en respectant toutes les précautions en vigueur. A définir

Les Congolais dits de l'extérieur ont joué un rôle important dans le développement du numérique au Congo, du fait de leurs besoins de communiquer avec la famille et amis restés au pays, ils ont investi massivement dans le numérique en termes de compétences et de terminaux (Kiyindou, 2012). Les motivations sociales, économiques, culturelles ont été donc très importantes.

Aujourd'hui, beaucoup de Congolais ont accès à *Facebook via* leur téléphone mobile et on assiste à de nouvelles formes d'organisation sociale, d'échange, de discussion, mais aussi de débats, sur ce qui se passe « au pays » entre les Congolais qui sont sur le territoire et ceux de la « diaspora ».

---

quotidienne très importante et au sein de laquelle un partage des responsabilités (dans le bonheur, comme dans le malheur) vis-à-vis de la communauté est cultivée dès le bas-âge. Dans un pays où il n'y a pas pour une grande partie de la population des allocations chômage, allocations logement, pension de retraite, pension alimentaire, couverture maladie, bourse, etc. Les difficultés individuelles se gèrent au niveau de la communauté, les intérêts de la communauté priment sur ceux de l'individu.

Facebook est l'application qui favorise actuellement le mieux les liens sociaux, notamment à travers ses dispositifs de recherche d'amis potentiels. La particularité du Congo, comme de beaucoup de pays africains, est de compter une forte communauté formée de « Congolais de l'extérieur ».

Cette contribution de la diaspora, dans le développement des TIC dans leur pays d'origine, peut être analysée de deux manières. Premièrement, la diaspora « noire » se sert des technologies de l'Information et de la communication, de la téléphonie mobile, de la messagerie électronique, des sites Internet, des blogs etc., pour mieux se comprendre, discuter des problèmes de développement et participer plus efficacement à leur résolution. Deuxièmement, les Africains de la diaspora cherchent à maintenir des contacts avec leurs amis et leurs parents restés au pays.

Sollicitée jusque-là financièrement sur des situations d'urgence liées à la famille (hospitalisation, décès, soutien aux plus jeunes comme aux plus âgés, etc.), la diaspora a, depuis, élargi son rôle à des questions liées au développement, depuis l'aide à la constitution d'une prise de conscience politique et à la nécessité de faire des actions concrètes basées sur les besoins du terrain. Ces personnes de la diaspora ont l'opportunité, depuis leur pays de résidence, d'accéder à des formations, à des informations et à des outils pédagogiques qui constituent autant de richesses, lesquelles peuvent aider à tirer certains vers le haut et à soutenir d'autres qui ont déjà franchi ce pas, dans l'acquisition des outils technologiques et leur appropriation, du fait de leur besoin d'être lié aux autres, afin de rompre avec l'isolement et le déracinement imposé par l'immigration et ainsi de se construire un univers virtuel certes avec d'autres Congolais, d'autres individus, ayant les mêmes goûts, les mêmes préoccupations (le mal du pays) et contribuer au débat public. Ils ont apporté matériels, projets, compétences au pays pour le développement du numérique, dans le but de maintenir une présence à distance de qualité. Ils vont de ce fait jouer un rôle déterminant dans la construction des usages.

Parmi les arguments mis en avant, afin d'avoir la possibilité de se voir, de se “rencontrer” sans grandes contraintes financières à travers des applications comme WhatsApp, Viber,

Skype, c'est Skype qui a le plus été présenté. C'est une possibilité pour la diaspora de nouer le dialogue, d'utiliser le langage commun d'intérêts et de passion. Ce qui caractérise le contexte africain, ce sont les relations interpersonnelles, les liens de parenté, les appartenances religieuses ethniques sont plus importantes[12]. La pénétration des innovations s'est donc faite dans un tissu social particulier avec des besoins d'expression individuelle, familiale, communautaire[13]. Il s'agissait de partager d'une manière instantanée, des événements, images et sons qui ont cours à n'importe quel endroit.

En effet, ils ont acquis, pour leur famille « *restée au pays* », des téléphones mobiles qui, une fois débloqués, pouvaient être utilisés sur place. Ils ont trouvé là le moyen d'être en contact permanent avec elle, alors qu'auparavant, dans un pays comme le Congo-Brazzaville, il fallait, pour joindre un membre de la famille, passer par un voisin dont le domicile était connecté au réseau filaire ou encore utiliser le téléphone professionnel d'un parent ou ami. Cela supposait de prendre rendez-vous, sans garantie ni de la disponibilité de l'intermédiaire, ni du bon fonctionnement du réseau. La possibilité offerte par le téléphone mobile est d'avoir un lien permanent avec les siens. La baisse des prix des terminaux dans les pays développés a été un facteur très important dans l'équipement des Africains du continent. Désormais, il est ainsi plus facile avec un SMS de communiquer le numéro de transfert d'un mandat, d'avoir un accusé de réception, de prendre des nouvelles du dernier-né ou du quartier, de discuter de choses et d'autres, etc.

"*J'ai acheté des* téléphones *portables en France, j'ai installé Whatsapp et je les ai envoyé à la famille, c'est moins cher que les cartes Lycamobile ou Lebara*" (D., 43 ans, agent bancaire, Paris).

Des individus n'hésitent pas à investir et à s'investir pour acquérir des liens, les construire, les reconstruire et les renforcer.

---

[12] Lenoble-Bart, Tudesq, *Connaître les médias d'Afrique subsahariens : Problématiques, sources et ressources*, Editions Karthala, 2008, p. 5.

[13] Kiyindou (2010), "TIC & développement socioéconomique, enjeux et pratiques", *Hermes*, Paris 2010, p. 114.

Ils ont investi massivement dans le numérique en termes de compétences et de terminaux. Les motivations sociales, économiques, culturelles ont été donc très importantes avec la contribution des relais qui, dans les quartiers, forment les membres de la communauté sur les possibilités offertes par les réseaux numériques sur les applications désormais possibles pour communiquer à moindre coût avec la diaspora et les réseaux sociaux et pour avoir des informations politiques non diffusées dans les médias classiques.

Ce sont des individus qui ont une avance, de par leur fonction, leur statut ou leur culture numérique, sur le grand public (connaissance et utilisation d'autres applications comme Viber, WhatsApp). Ils font le partage des applications, montrent aux autres comment tirer un meilleur profit du potentiel de l'Internet mobile pour communiquer avec les membres de la famille qui sont à l'étranger et envoyer photos, vidéos et documents importants. Ils jouent un rôle important dans la construction des représentations, des pratiques et des usages. Les échanges et les collaborations se développent, ayant pour enjeux, de permettre à d'autres de connaître les meilleures applications ou meilleures utilisations de celles-ci pour communiquer avec les membres de la famille qui sont à l'étranger. Les adaptations locales ont ainsi contribué à de nouvelles formes d'appropriation.

Il y a une prise de conscience du fait que les diasporas possèdent des compétences financières, techniques et intellectuelles. Elles sont de plus en plus sollicitées par les gouvernements sur place, pour mettre, au service des habitants et des organisations, leurs compétences professionnelles et leur expérience[14] (Miere, 2013). Dans le domaine du numérique et au Congo en particulier, la contribution de la diaspora a été très importante : commencée timidement par l'envoi de matériels, elle s'est poursuivie par la mise en place d'action, comme l'association PRATIC qui organise en France et au Congo des colloques sur la promotion et la réflexion autour des Technologies de l'Information et de la Communication. Ils se sont orientés vers des projets de vulgarisation (*J-certif*), notre

---

[14] « Investir et s'Investir, Etre congolais de l'extérieur », *Le Magazine de l'Afrique*, mai 2013

projet MODIM a été considéré sur place comme une contribution d'un membre de la diaspora). Un autre Congolais de la diaspora a choisi de monter sur place une entreprise spécialisée dans le *green IT* et a créé sur *Facebook* le « *groupe professionnel congolais des TIC* », où s'effectue le partage des informations autour des projets, le Ministre congolais des Télécommunications du Congo qui en est membre et intervient régulièrement.

La médiatisation de ce secteur très porteur et la contribution des Congolais de la diaspora, ont incité le président du Congo à créer au sein de son cabinet, un *département des Congolais de l'extérieur* avec à sa tête une conseillère, en espérant que d'autres secteurs de l'activité socio-économique du pays pourraient bénéficier de la contribution des membres de la diaspora.

Les Congolais ont aussi la possibilité de se faire de nouvelles relations basées sur des causes communes, des passions ou des ambitions partagées. La création de groupes « Facebook » autour de centres d'intérêt est une activité qui en est une illustration, il y a de tout : des groupes spirituels, communautaires, politiques, des groupes d'intérêt professionnel (Professionnels congolais des TIC, Enseignants du Congo) et des groupes plus fédérateurs comme la Diaspora Congo Brazzaville autour de l'identité nationale (mettre en avant ce que les Congolais ont de commun). Le temps de ces retrouvailles passées, Facebook permet de débattre sur des sujets d'actualités, distrayants, mais aussi sur ceux touchant à l'activité socio-économique et politique du pays, pour se faire entendre individuellement ou collectivement (Duclos, 2005, p. 195). C'est l'occasion pour certains de s'indigner des problèmes quotidiens les Congolais : comme le manque d'eau, les problèmes d'électricité, les difficultés de transports etc. Les Congolais ont aussi la possibilité de se faire de nouvelles relations basées sur des causes communes, des passions ou des ambitions partagées.

Sur *Facebook*, l'internaute peut aller sur le mur de son ami, voir son actualité du jour, commenter, interagir avec d'autres, voir et revoir des photos, etc. C'est cette rencontre, entre les Congolais de l'intérieur et les Congolais de l'extérieur, qui est ici intéressante à analyser. La connexion sur *Facebook* offre donc la possibilité de retrouver, de contacter parents et amis, d'émettre des avis de décès et autres, des appels à projets, de faire partager des expériences dans le cadre professionnel, associatif ou humanitaire, etc. On assiste à une prise en charge par les individus de leur propre communication, ce que les ambassades n'avaient pas pu faire jusque-là. L'expression est libre puisque le plus souvent, les individus s'inscrivent avec un pseudo pour pouvoir critiquer plus librement le pouvoir en place. C'est une ouverture au monde. Le cyberspace devient un espace au sein duquel on peut circuler avec ses repères, à côté des personnes qui partagent les mêmes valeurs culturelles. Le développement des blogs en est une illustration.

L'incitation des membres de la diaspora à ouvrir des espaces Facebook pour bénéficier des communications à moindre coût a aussi été un élément déterminant. Les Congolais de l'extérieur ont joué un rôle important dans l'acquisition des outils technologiques et leur appropriation, du fait de leur besoin d'être lié aux autres, de la possibilité de pouvoir communiquer avec les autres, de rompre avec l'isolement, le déracinement imposé par l'immigration, etc. et ainsi de se construire un univers virtuel certes avec d'autres Congolais, d'autres individus, ayant les mêmes goûts, les mêmes préoccupations (le mal du pays) et contribuer au débat public[15].

Sur les réseaux sociaux, une rencontre virtuelle se fait désormais entre les Congolais qui sont physiquement présents sur le territoire et ceux qui sont résident dans d'autres pays (Mali, France, Italie, Burkina Faso, Canada, Bulgarie, etc.), comme cela avait été constaté en Tunisie et en Egypte, « le rôle des diasporas a été non négligeable » ; « « elles ont pu, par l'exemple même de leur pratique, convaincre que la contestation en ligne étant la nouvelle forme de changement social » (Cabedoche, 2013, p. 9). Cette diaspora s'est beaucoup investie dans la collecte de fonds et de produits de première nécessité pour les victimes. Elle a également récupéré des vidéos et photos

---

[15] Les prémisses de cette interrogation ont été présentées au Congrès de la SFSIC en juin 2014, à Toulon.

diffusés par des individus qui étaient à Brazzaville et du fait d'une « meilleure maîtrise des outils informatiques » (Touati, 2012, p. 13) et d'un accès à Internet plus intéressant.

Depuis, les individus les plus actifs utilisent les réseaux sociaux dans le but d'une prise de conscience des difficultés liés aux congolais (problèmes d'eau, d'électricité, d'éducation). Ils partagent les informations, se mobilisent et échangent sur les actions des membres de la diaspora.

Les réseaux numériques jouent un rôle important dans le renforcement de liens existants, il y a une redécouverte de ceux qui sont partis, la possibilité de les voir, de leur parler « *grâce à Whatsapp, je peux, quand je cuisine montrer à ma mère qui est à Brazzaville comme je gère mon foyer, nous avons l'impression qu'elle est à côté* » (Dalia, 35 ans, mère de famille, Nantes). « *Avec mes frères, nous nous sommes cotisés pour envoyer un ordinateur et un portable à maman à Brazzaville, elle est depuis tout le temps joignable* » (Léa, 40 ans, mère de famille, Bordeaux). Il y a également un renforcement des relations sociales : « *avant je pouvais passer un mois sans avoir ma mère qui est au village, depuis qu'il y une cabine téléphonique, je peux la joindre dès que je peux* » (Guy-Roger, 50 ans, Paris).

Whatsapp est une application rachetée par Facebook. Elle fait partie actuellement de l'application qui favorise des interactions entre les Congolais dits de la diaspora et ceux qui sont sur le territoire. L'objectif est de voir à travers une communication annoncée comme pratique, du fait du coût et de ses facilités techniques, comment des populations poursuivent une communication engagée amorcée sur des réseaux sociaux plus ouverts. Whatsapp est une application téléchargeable sur le téléphone portable ou l'ordinateur qui permet les appels vidéo, l'envoi de textes, de vidéos, le partage de musique, etc. Il est possible d'avoir des conversations groupées, de constituer des groupes selon les centres d'intérêts. L'application Whatsapp a été rachetée en 2014, 22 milliards de dollars par Facebook[16]. Elle

[16] Source : https://www.journaldunet.com/ebusiness/le-net/reseaux-sociaux/ consulté le 10 février 2018.

se révèle être un concurrent important des opérateurs téléphoniques dont elle utilise les Licences 3G ou 4G pour fonctionner. Avec la mise sur les marchés des téléphones bon marché venant de Chine, l'augmentation des débits internet, les Congolais ont opté pour une acquisition de mobiles pour s'affranchir de la dépendance à la cabine ou au cybercafé, au sein desquels les tarifs sont exorbitants : "*chez ma* mère, *désormais chaque* membre *de la famille a un* téléphone *portable. Lorsque le sien ne fonctionne pas, je peux contacter d'autres personnes pour pouvoir lui parle*r" (M. 50 ans, agent hospitalier, Bordeaux). Au Congo, la communication, entre ceux qui sont partis et ceux qui sont restés, a été très difficile pendant des années. La distribution à domicile du courrier postal n'a bien fonctionné jusque dans les années quatre-vingts. Il convenait ensuite de détenir une boîte postale, payante, à la grande poste qui se trouve loin des quartiers populaires où habite une grande partie de la population congolaise. Dans ces mêmes quartiers, rares étaient les familles qui disposaient d'un téléphone fixe. Les coûts des appels téléphoniques étaient très élevés. Les guerres civiles au Congo jusque dans les années 2000 ont encore appauvri cette communication à distance. L'introduction du téléphone dans les pays occidentaux comme en Afrique et les évolutions technologiques ont relevé et favorisé de meilleurs échanges. Au Congo, un individu qui n'a jamais connu de téléphone fixe "familial" à son domicile, est passé directement à deux ou trois téléphones portables individuels ce qui lui permet d'interagir avec d'autres sur le territoire congolais et dans d'autres pays. C'est ainsi que progressivement s'est mise en place une communication régulière entre ceux qui sont partis et ceux qui sont restés, une communication qui va s'enrichir par la possibilité de se voir et de s'envoyer des documents d'une manière instantanée. C'est donc dans des réalités sociales, politiques et économiques spécifiques que les technologies de l'information et de la communication sont introduites au Congo, avec des usages qui s'adaptent aux réalités locales et s'intègrent dans le quotidien des individus.

Nous avons participé, en août 2018, à l'expérience d'une petite fille de trois mois qui avait des problèmes de santé. Elle se trouvait avec sa famille à Brazzaville. C'est sa maman qui a envoyé sa photo dans un groupe WhatsApp dont nous faisons partie. La photo a été transmise à un grand oncle médecin se trouvant à Bordeaux, en France, qui a émis des doutes quant au diagnostic et au traitement sur l'état de santé de la petite fille. Sa famille a pu être orientée vers un chirurgien pédiatre et un kinésithérapeute, sur place à Brazzaville, pour d'autres analyses médicales, ce qui a permis de déboucher sur une prise en charge plus efficace et une amélioration de la santé de l'enfant. Le rapprochement se fait pour communiquer au quotidien, prendre des nouvelles, se ressourcer par l'entretien de la vie sociale, mais également pour résoudre des difficultés qui peuvent se poser au groupe.

Un deuxième exemple, à l'occasion de la rentrée scolaire 2018, un groupe WhatsApp « rentrée scolaire 2018 » a été créé une partie des membres de la famille se trouvait à Brazzaville et l'autre partie en France. Ils ont décidé via les échanges WhatsApp de la distribution des kits rentrée pour les membres du groupe en âge de scolarisation. La contribution générale est proposée, une personne se désigne pour faire les achats, envoie les photos des kits aux principaux bénéficiaires *via* le groupe pour témoigner de sa bonne foi. Ceux qui ont contribué financièrement peuvent vivre l'événement, d'une manière virtuelle avec des vidéos et des photos, de la distribution et de la réception des achats de rentrée scolaire. Les bénéfices de lien et de résolution des difficultés (transfert de fonds) concourent à une adoption et surtout à une utilisation efficace des outils modernes. On note de ce fait une accélération de l'accès à l'information : "exister dans un réseau socio-numérique, c'est être prêt à réagir avec d'autres, à tout instant, à des situations qui concernent les autres membres connus ou pas. Ces manifestations de solidarité sont liées à des valeurs partagées, à des croyances, à une éthique et à une perception de la vie et du monde"[17]. Ce rapprochement familial rendu possible grâce aux applications mobiles ne se

[17]A. Kiyindou (2011) : "Réseaux socio-numériques et solidarité", *Hermes, La revue* 2011/1 (n°59), p. 121 disponible sur http://documents.irevues.inist.fr/handle/2042/45346

limite pas aux informations sur le groupe ou la communauté. On y diffuse des informations religieuses, de santé publique (aliments à ne pas consommer, dangers du portable), des discours de motivation (vidéo Martin Luther King par exemple), des extraits de journaux TV (RFI et TV5 monde) sur la politique française ou africaine, des actualités musicales, des informations sur la vie communautaire, les faits divers, la sagesse et également des exemples de réussite en Afrique (Botwana, Rwanda), des messages de paix, de bonne journée ou de bonne soirée.

Les Congolais se sont adaptés et ont adapté la technologie par rapport aux contraintes et aux besoins de leur environnement. Ils ont fait « preuve d'ingéniosité », de créativité et ne sont pas des consommateurs passifs. Il n'y a pas de passivité des usagers. En effet, l'observation des usages, de "*ce que les gens font effectivement avec les objets et dispositifs techniques*" *a permis de relever "de multiples modes d'appropriation et d'usages nouveaux chez les utilisateurs africains qui font* preuve *d'ingéniosité et d'inventivité pour faire face aux coûts d'utilisation*" (Alzouma, 2014, p. 6). Auprès des personnes interviewées, en dehors du coût intéressant de l'application WhatsApp, d'autres facteurs expliquent son succès. L'application est présentée comme sécurisée : "*lorsque j'envoie des messages sur Whatsapp, je suis sûre des personnes qui seront atteintes, j'ai une meilleure maîtrise de la communication*" (D. 45 ans, aide-soignante, Bordeaux). Les personnes sensibles à l'argument sécuritaire sont celles qui sont réfractaires à Facebook et qui n'ont pas de compte sur des réseaux sociaux plus ouverts. Les éléments techniques sont aussi soulignés, en effet, l'application s'adapte à des connexions faibles : *« même lorsque le débit est réduit, on arrive tout de même à s'envoyer des messages* » (M. 43 ans, Sans emploi, Toulouse). Toujours dans la technique, S. apprécie l'interface qui est plus intime et les débats plus élevés (S, 55 ans, cadre supérieur, Paris). Les usagers interviewés apprécient également la qualité d'écoute sonore. L'application est qualifiée d'outil plus pratique et facile à utiliser, c'est une application populaire, elle possède une interface conviviale, simple et facile à utiliser : "*elle offre la possibilité de contacter et d'être contacté facilement par des amis et la famille*" (S., enseignant, 35 ans, Amiens).

II.2 Le maintien des liens sociaux

Dans les pays émergents, la consultation des ressources numériques est beaucoup plus récente. Les réseaux numériques ont favorisé le développement des transactions financières internationales en utilisant le téléphone mobile (mobile money). On note, au fur et à mesure, une adaptation en fonction des besoins. Elle nécessite une créativité, une adaptabilité par rapport aux réalités socio-culturelles, dans le sens d'un maintien d'une présence à distance. Par exemple, l'écriture a été adoptée du fait de la difficulté d'avoir une conversation dans le cadre d'un appel téléphonique de qualité, il est ainsi possible d'écrire, d'envoyer plus facilement une image, une photo ou un message audio. La téléphonie mobile se présente dans ces situations comme un « objet social ». Dans les quartiers, au Congo, on note la présence de relais, constitués d'individus de bonne volonté, qui ont une formation, une passion pour les réseaux numériques et qui font bénéficier à la communauté, la famille, les amis, les amis des amis des conseils sur des forfaits appropriés. Ce sont souvent des étudiants en réseaux télécommunications, qui ont eu l'opportunité de séjourner dans des pays en avance du point de vue du numérique et qui ramènent au pays des terminaux de meilleure qualité, ainsi que les meilleures pratiques.

Dans la société congolaise, l'individu apprend dès le jeune âge à exister en tant que membre d'un groupe, d'une ethnie « *je suis téké, je suis lari* », de cette appartenance découle une représentation de soi, des autres membres du groupe et des autres membres du pays. Dans ce contexte, toute expression autour de soi est mal perçue par la communauté. Les réseaux numériques deviennent une source d'évasion, à l'égard de cette gestion collective, souvent perçue « comme un poids » par les plus jeunes. Puisqu'au quotidien, l'individu partage sa vie, ses ressources et ses charges avec d'autres, les réseaux numériques lui donnent la possibilité d'exister en tant qu'individu, d'avoir un espace personnel, qu'il n'est pas obligé de partager avec d'autres (envoi de sms, gestion de sa vie personnelle, etc.) et d'avoir une page Facebook sur laquelle il peut s'exprimer, exister en tant que lui-même sans être « qualifié » d'individualiste : « *je ne suis plus le groupe, je suis l'individu* »[18].

Au Congo, l'existence de réseaux de solidarité sociale et affective est complexe : on se visite, on se soutient dans le bonheur (naissance, mariage, baptême, etc.) comme dans le malheur (hospitalisation, décès, etc.). Comme partout dans le monde, la première motivation des Congolais dans l'acquisition d'un téléphone mobile est de pouvoir joindre et de pouvoir être joint, surtout dans un pays où les infrastructures de transport sont défaillantes, de faciliter les transferts rapides d'argent et de permettre une meilleure circulation de l'information en cas d'urgence. Il est désormais facile de prévenir la personne à qui l'on va rendre visite, ce qui évite désormais des déplacements inutiles. Le téléphone mobile abolit la distance physique qu'il faut franchir pour communiquer : « *Mais avec le portable, mes parents au fin fond de Mouyondzi (une ville du Congo) dans le village de mon père sont tous joignables...lorsqu'il n'y a pas coupure d'électricité* », Alexis, 50 ans.

En outre, beaucoup de jeunes Congolais font partie d'associations religieuses ou civiles, qui organisent des manifestations dont le succès repose, en partie, sur une meilleure circulation de l'information (choix du lieu, répartition des tâches, etc.).

Les réseaux sociaux et les applications comme WhatsApp facilitent la communication entre les personnes, avec la possibilité d'être joignable tout le temps et en tout lieu. Ils permettent de créer une proximité entre des individus qui ne sont pas forcément proches, mais qui peuvent ainsi communiquer et échanger. Il convient de noter que le téléphone portable est facile à utiliser. Il y a la possibilité d'avoir accès à des logiciels et à des plateformes qui améliorent les échanges et l'accès à l'information. Elles donnent la possibilité de créer une

---

[18] C'est ce que Bertrand Cabedoche appelle le développement d'une culture de l'entre-soi. Cf. Bertrand Cabedoche, « Des sciences de l'information et de la communication à équidistance de tout déterminisme : un état de la recherche en France relative à la couverture médiatique des "révolutions arabes" », in Sihem Najar (dir), Les réseaux sociaux sur Internet à l'heure des transitions démocratiques (Monde arabe, Europe de l'Est, Amérique Latine), Tunis et Paris : IRMC-Karthala, 2013, pp. 279-300.

communauté, un groupe d'intérêts, pour se reconstruire une identité, la forger, se rapprocher de ses proches et mettre une place une efficacité dans la solidarité familiale. Certains auteurs ont même parlé de "territoire numérique" (Musso, 2012).

Les individus rencontrés dans le cadre de cette recherche affirment avoir construit un réseau de proximité qu'ils nourrissent et construisent au gré des rencontres. Ce sont les amis des amis, des connaissances que l'on rencontre où que l'on retrouve dans un cadre familial ou amical que l'on rajoute à son réseau, pour partager des informations sur soi et des informations plus engageantes. La spécificité de cette communication vient du fait qu'elle dépasse les liens affectifs ou familiaux. La gestion de la liste de contacts est simple ; d'ailleurs la synchronisation avec le carnet d'adresse est automatique, ce que les utilisateurs apprécient également. Plusieurs facteurs ont favorisé le développement du numérique au Congo : les évolutions technologiques, le rôle de l'Etat, la baisse des prix des forfaits et des téléphones, etc. De nos entretiens, le prix de la communication est l'argument qui revient souvent : "*WhatsApp est une application moins chère et d'une utilisation simplifiée, il suffit de se connecter en 3G, 4G ou wifi" ; "c'est une cousine qui a l'application sur son téléphone, il me suffit de lui faire signe, elle passe le téléphone à maman et nous pouvons bavarder longuement* (G, cadre, Toulouse). La "cousine" dont il est question ici, fait partie des individus que nous avons qualifiés de "relais". Ce sont des acteurs très actifs sur le terrain, dans les quartiers populaires des grandes villes du Congo. Ils s'investissent "pleinement dans la découverte et la pleine exploitation du potentiel des TIC" (Jouët, 2000, p. 503).

II.3 L'émergence de la communication politique

Les hommes politiques ont développé une communication, via les réseaux sociaux, pour être plus proches des citoyens pour partager, faire la promotion de leurs programmes, s'attirer les électeurs et pour s'attaquer à leurs adversaires. Cette communication leur permet de diffuser une

« image dynamique, sympathique, moderne », de toucher un grand nombre d'individus en peu de temps, en particulier les Congolais de la diaspora qui sont les plus nombreux. De plus, l'un des avantages des réseaux sociaux est leurs coûts très faibles ; tout individu peut manifester ses idées politiques, participer sans sortir de chez lui et débattre. Les inconvénients des réseaux sociaux résident dans le risque de la saturation du message politique. Ce moyen de communication reste limité, il n'attire qu'un public plus jeune, toujours connecté et « fan » des dernières actualités en vogue sur les réseaux sociaux. Mais pour les personnalités politiques congolaises, c'est plus un objectif de promotion qui est recherché, à destination d'une catégorie de la population, les journalistes, les Congolais de l'extérieur qui sont les plus présents sur les réseaux sociaux, ainsi que d'autres dirigeants politiques congolais. Ce sont des individus généralement bien informés sur la politique, des leaders d'opinion ou encore des étudiants et des universitaires, ceux qui ont un intérêt particulier dans le cadre de leur travail ou de leur engagement et qui ont besoin d'être au courant des actualités des ministres.

Aujourd'hui, beaucoup de Congolais ont accès à Facebook via leur téléphone mobile et nous assistons à de nouvelles formes d'organisation sociale, d'échange, de discussion, mais aussi de débats sur ce qui se passe « au pays » entre les Congolais qui sont sur le territoire et ceux de la « diaspora ». L'analyse des usages de la téléphonie mobile et d'Internet permet de constater une appropriation à des fins d'épanouissement personnel (Jouët, 2000, p. 503) : *« J'ai un téléphone qui me permet de gérer mes relations et une page Facebook dans laquelle je peux exprimer mes idées, parler de ma vie de famille, une existence détachée de la communauté » (Dany, agent bancaire)*. Facebook devient pour les Congolais, un autre Congo, un territoire virtuel où l'on peut dans un groupe (Congo lovers, BDL), discuter avec un Ministre, échanger avec d'autres sur la situation du pays et du reste du monde, avoir accès à des informations que ne diffusent pas les médias traditionnels locaux et partager avec d'autres des sujets d'intérêt individuel ou collectif.

Après avoir connu des années d'instabilité politique, les autorités congolaises ont mis en place une stratégie d'émergence du pays, dans le même temps qu'un processus démocratique. Celui-ci fait l'objet d'un apprentissage aussi bien de la part des autorités, des opposants, que des citoyens. En cela, les nouvelles formes de communication politique sur les réseaux sont pour nous un axe de recherche intéressant. Nous avons procédé au repérage du contexte de développement des réseaux numériques et à l'identification des nouvelles pratiques de communication politique et publique et de mise en visibilité, ainsi qu'au débroussaillage des modes de légitimation et de leur imbrication. Il est également intéressant de procéder au repérage des pratiques de représentation et de participation politiques à travers l'analyse des mécanismes de production de la citoyenneté et l'étude de la production de contenus. Le questionnement, sur les dispositifs et les logiques émergeantes d'instrumentalisation du politique, reste une préoccupation majeure ainsi que la mise en visibilité des rapports entre environnement digital, constructions identitaires et pratiques de mobilisation et « engagement citoyen ».

Au Congo, deux ministres ont une page « Facebook » très suivie par les internautes. Il s'agit de Thierry Moungalla, Ministre des Postes et des Télécommunications et Alain Akouala, ancien Ministre des Zones Economiques et Spéciales (ZES). Les Congolais « sur place » n'ont pas un accès régulier du fait des problèmes d'électricité et de débit, ils n'ont pas tous la culture « réseaux sociaux », ils regardent plus la TV nationale qui diffuse en boucle et écoutent la radio pour s'informer sur les actions du gouvernement que la TV. Pour Gado Alzouma, « *l'écrasante majorité des usagers (africains) ne possède pas un téléphone doté de la fonctionnalité nécessaire pour naviguer sur Internet* » (Alzouma, 2014). Nous avons pu constater, lors de notre observation sur le terrain en juillet 2013 que les Congolais se connectent souvent sur leur lieu de travail.

Le Ministre Thierry Moungalla est le plus actif, orienté principalement autour de son actualité qu'il publie souvent en utilisant des photos. Il est membre de plusieurs *groupes*

Facebook. Les hommes politiques les plus actifs sur les réseaux sociaux sont originaires de pays africains anglophones, sur les traces du président Obama qui est devenu populaire du fait de sa communication sur les réseaux sociaux. Les hommes politiques ont compris que pour toucher et sensibiliser leurs plus jeunes citoyens, ils doivent leur parler avec ces outils. Cette communication directe avec leurs dirigeants est une nouveauté pour les Congolais peu habitués à avoir des débats contradictoires avec le pouvoir et de pouvoir interagir avec celui-ci.

Le ministère des Télécommunications ainsi que celui des ZES ne disposent pas de site Internet institutionnel. Or les réseaux sociaux se présentent généralement comme un élément d'une stratégie globale dans laquelle on trouve des médias de masse, presse écrite, permanence dans la localité, diffusion d'un magazine, réunions (ouvert à tout public), affiches, site Internet pour une information générale sur l'entité, transmission des débats du parlement, entretien au sein du Cabinet, tracts et *Facebook* ou réseaux sociaux. Dans le cas des hommes publics du Congo, c'est une communication unilatérale parce que souvent lorsqu'une information est diffusée, le Ministre ne revient plus pour débattre, expliquer, etc. On assiste à une succession de commentaires et voire à des débats entre ceux qui sont pour et ceux qui sont contre le sujet « posté ». La « proximité » entre les hommes politiques et les citoyens via les réseaux sociaux semble construite, illusoire, il n'y a pas de véritable débat. C'est ce que Bertrand Cabedoche, à la suite d'Isabelle Pailliart nomme démocratie événementielle[19].

[19] Cf. Bertrand Cabedoche, « Information and communication : do these terms define absolute opposite practices and concepts ? Reflections from OMBs », pp. 87-101, in Nico CARPENTIER, Pille PRUULMANN-VENGUFELDT, Kaarle NORDENSTRENG, Maren HARTMANN, Peter VIHALEMM et Bart COMMAERTS (ed.), *Media Technologies and democracy in an Enlarged Europe. The intellectual work of the 2007 European media and communication doctoral summer school*, Tartu, University of Tartu Press. http://www.researchingcommunication.eu/reco_book3.pdf

II.4 La mobilisation et l'action collective

Le terme « mobilisation » s'utilise généralement lorsqu'il y a une mobilisation est un appel à l'action pour rassembler et dynamiser les membres d'une communauté afin de réaliser un projet commun. Facebook est l'application qui favorise actuellement le mieux les liens sociaux, notamment à travers ses dispositifs de recherche d'amis potentiels.

Aujourd'hui, les réseaux sociaux notamment Facebook (1,39 milliards d'utilisateurs dans le monde) et Twitter (264 millions d'utilisateurs dans le monde) se présentent comme autant d'outils de débat public, que de puissants lieux de mobilisation collective. Partout dans le monde, ils deviennent de puissants lieux de mobilisation collective, du fait de l'alternative qu'ils offrent par rapport aux médias traditionnelles et aussi parce qu'ils ont mis en perspective et sont présentés comme des accélérateurs de mobilisations populaires (Cabedoche, 2013). Au Congo, le développement du haut débit mobile, les réseaux sociaux, les Smartphones et les tablettes numériques entrainent une connexion permanente. La convergence numérique est la tendance de plus en plus affirmée, chez les concepteurs, à développer des appareils multifonctions (Alzouma, 2014). Ces évolutions technologiques ont permis le développement de l'Internet Mobile et ont offert la possibilité aux Congolais qui ne pouvaient acquérir un ordinateur pour des raisons de coûts, de se connecter sur le réseau.

Caractéristiques du paysage médiatique congolais

La situation des médias au Congo se caractérise par une mainmise directe et indirecte de l'Etat, de la pauvreté en termes quantitatif et qualitatif (Touati, 2012, p. 3). TV et Radio sont des organismes d'Etat. Les journalistes ont le statut de fonctionnaire. Les émissions font la promotion des actions du gouvernement. La Radio Mucodec, organisme privé, diffuse des informations généralistes et des radios religieuses.

Dans le paysage audiovisuel, il y a une communication gouvernementale très importante, des médias qui appartiennent aux proches du Président.

Les Congolais les plus riches ont accès à des chaines de TV étrangères qui diffusent le plus souvent des clips vidéos et des séries. L'irrégularité dans la fourniture d'électricité et le bas niveau de revenus ne permettent pas à des Congolais de disposer d'une Télévision et d'avoir un accès régulier à la presse. Deux journaux sont distribués régulièrement eu Congo : *La Semaine africaine* qui appartient à l'Eglise catholique et les *Dépêches de Brazzaville*. Le manque d'informations de confiance amène les individus à se tourner vers Internet pour s'informer sur la vie politique » qui va devenir pour les Congolais un outil d'information et d'une communication plutôt partisane sur des sites et des blogs tels que *Mwinda (partisans de André Milongo, ancien 1er Ministre) et Zenga Mambu (partisans de Pascal Lissouba, ancien président).*

L'objectif est de se faire connaître, de toucher les congolais sur des espaces d'information et d'expression des opposants aux autorités officielles (cyberactivisme, néo-militantisme) et d'analyser les jeux croisés des cyberactivistes et cyber-réponses des institutions stigmatisées ou attaquées. Les informations diffusées sur ces sites vont dans le sens d'une non reconnaissance de la légitimité du Président actuel du Congo, dénonciations politiques, de la révélation des affaires politiques avec parfois pour conséquences une certaine lassitude du public face à cette lutte pour le pouvoir.

Les médias sociaux notamment WhatsApp permettent une diffusion de l'actualité internationale et notamment d'événements qui ne sont pas rapportés par les médias traditionnels. Face à la censure, à l'absence de liberté d'expression et d'opinion dans l'espace public, il se constitue des canaux parallèles de diffusion des informations, des idées et des opinions. Ils deviennent des espaces de militantisme et de sensibilisation. Le citoyen a la possibilité de créer et de diffuser des contenus textes, audio et vidéo, qu'ils créent et récupèrent en ajoutant des commentaires avant la diffusion (Granjon, Musso, Touati, Miere, Cabedoche). Des individus peuvent partager de manière instantanée des événements, images et sons qui ont lieu à n'importe quel endroit de la planète et à des d'individus situés à des endroits différents de la planète, qui peuvent réagir ou pas, partager ou pas. Ceux qui sont au Congo peuvent désormais accéder à une multitude d'informations et d'opinions. L'objectif est d'informer autrement, le risque est une forme de propagande (d'avoir sur des médias classiques des informations positives sur le gouvernement et sur les médias digitaux, ainsi que des informations négatives sur le même gouvernement). Il y a donc des risques de désinformation, d'intoxication autant par les partisans du pouvoir que les opposants au régime. Les téléphones connectés ont contribué au renversement de régimes (Tunisie, Egype, Burkina Faso). Certaines décisions politiques se retrouvent sur les réseaux sociaux, comme en 2018 avec la visite des membres du FMI au Congo et les décisions prises par rapport à la situation catastrophique du pays.

Les réseaux sociaux servent finalement de véhicule des revendications collectives et de protestations pour une meilleure redistribution des ressources, débats et échanges autour des questions politiques, intérêt pour la chose publique, découverte des opposants, débats, échanges et regard critique. Internet a permis l'expression des opposants qui ne peuvent s'exprimer sur des médias classiques (Radio, TV ; presse) et qui ont trouvé sur Internet la possibilité de « se faire connaître, expliquer leur engagement, dénoncer la politique » de l'actuel président du Congo.

La mobilisation trouve sa source dans les difficultés au Congo à avoir accès à une information plus large. Les cyberactivistes très présents sur les réseaux sociaux de type Facebook ou Twitter ont trouvé ici le moyen d'atteindre d'une manière plus directe l'individu. WhatsApp est lié au numéro de téléphone de l'individu, la multiplicité des usages donne des possibilités d'utilisation sur une journée. Au Congo, la télévision publique est rattachée à l'Etat et diffuse généralement des informations sur les activités des membres du gouvernement. Les grands médias privés appartiennent aux proches du pouvoir. L'expression de l'opposition est rare dans les médias classiques. Les Congolais n'ont pas souvent accès à des informations qui démontrent de la diversité et de la pluralité des opinions. Du coup, ce sont les plateformes digitales qui offrent aux opposants et aux activistes la possibilité de s'exprimer. Les congolais préfèrent ainsi les plateformes digitales aux médias classiques. Des liens internet et des contenus politiques, économiques et sociaux se partagent sur WhatsApp, Facebook, etc. Il existe désormais de nombreux blogs, pages et groupes Facebook, groupes WhatsApp sur l'information politique et économique du Congo. Pour illustrer de l'importance des applications sur le territoire congolais, en 2016, le Ministre Congolais des postes et télécommunications avait menacé, sur la télévision nationale, de filtrer ou de couper totalement les réseaux : Facebook, WhatsApp, Twitter, Skype, Google.

Les cyberactivistes ne se présentent pas comme des opposants, mais comme des individus animés par le désir d'une diffusion large des informations dans le sens d'une mobilisation collective. Ainsi se retrouvent sur cette application WhatsApp, les mariages somptueux des membres du gouvernement, leur train de vie, leur attitude à l'assemblée nationale, les procès des opposants politiques, leur traitement par des médias internationaux (les extraits de JT de TV, RFI, etc.). La "Une" du journal *Le Point* qui consacrait un dossier en 2018 sur le président du Congo avait été largement partagée et distribuée via l'application. En octobre de la même année, la diffusion des informations sur le président gabonais qui était hospitalisé depuis trois semaines à Ryad (Arabie Saoudite), alors que la plus grande opacité entourait son état de santé.

Ce sont des militants au sens de Fabien Granjon (2005) qui reçoivent l'information et qui peuvent à leur tour transmettre le fichier à leur réseau. Il y a des groupes d'actualités politiques, des groupes de journalistes, des groupes de travail et des individus qui peuvent fusionner et se réunir en une famille élargie. L'application est utilisée plusieurs fois par jour jusqu'à 20 fois (pour E., 66 ans, retraitée, Massy). Il y a donc une intégration significative de l'objet dans la vie quotidienne des individus. Pour Serge Proulx, "il est évident que des éléments du contexte socio-historique, de nature culturelle, économique ou politique sont des facteurs qui peuvent peser dans l'acceptation ou le rejet d'une innovation technique présente à tel ou tel moment de l'histoire d'une société. L'innovation trouvera ainsi résonance dans tel ou contexte économique ou culturel favorable qui constitue alors son terreau de développement" (Breton, 2003, p. 253 ; p. 263). En effet, dans un pays où les médias traditionnels sont muselés, les applications mobiles se présentent comme une alternative, comme un pilier de la communication. Le contact régulier avec la famille est un élément qui a une importance capitale pour les individus, se sentir de nouveau membre d'une communauté, pouvoir à nouveau revoir ceux que l'on a quittés et que l'on ne voyait plus, échanger et rire avec eux, partager même virtuellement les informations et événements importants : anniversaire, mariage, etc. Pour ceux qui sont sur place, entendre la voix, voir le visage de celui qui a quitté la famille, il y a très longtemps. Dans un pays dans lequel, le téléphone fixe a été un luxe jusque dans les années 2000 avec un service postal très déficient, ces avancées ont été importantes dans le bien-être de l'individu.

Le temps de ces retrouvailles passées, Facebook permet de débattre sur des sujets d'actualités, distrayants, mais aussi sur ceux touchant à l'activité socio-économique et politique du pays, pour se faire entendre individuellement ou collectivement (Duclos, 2005, p. 195). C'est l'occasion pour certains de s'indigner des problèmes quotidiens les Congolais : comme le manque d'eau, les problèmes d'électricité, les difficultés de transports etc. La création de groupes « Facebook » autour de centres d'intérêt est une activité très prisée, il y a de tout : des groupes spirituels, communautaires, des groupes politiques, groupes d'intérêt professionnel (Professionnels congolais des TIC, Enseignants du Congo) et des groupes plus fédérateurs comme Diaspora Congo Brazzaville autour de l'identité nationale (mettre en avant ce que les Congolais ont de commun).

Le 4 mars 2012 à 8h, un dépôt d'armes explose à Brazzaville, alors que nous sommes en mission au Congo. Il fait plus de 200 morts et provoque des dégâts matériels importants. Alors que la Télévision nationale ne diffuse aucune information sur le sujet, les Congolais équipés de Smartphone vont faire des photos et les poster sur Facebook. Les Congolais vont s'y « ruer » pour avoir les informations sur l'événement qui se déroulait dans la capitale. Les individus les mieux équipés ont pu relayer l'information. Lorsque le Ministre de la défense passe à la télévision nationale à 20h sur les médias publics pour minimiser l'événement, les médias étrangers et les réseaux sociaux avaient déjà diffusé largement ces informations avec photos à l'appui sur l'explosion et ses conséquences dramatiques[20] et ce durant toute la journée. De retour en France, nous constaterons que c'est sur Facebook que s'organisera la mobilisation pour envoyer des dons aux victimes de l'explosion. Il ne s'agit pas d'une révolution comme cela a pu être observé en Tunisie, Egypte (Touati, 2012, Cabeoche 2013) mais d'analyser l'émergence d'un espace numérique d'expression, de contestation et de mobilisation qui va prendre de l'ampleur suite à un événement dramatique.

Pour Jean-Paul Lafrance, « *il est facile de tenir en laisse la télévision, la radio et les journaux ; il est toutefois impossible de museler la parole citoyenne qui jaillit des millions de téléphones mobiles qui peuvent photographier des scènes de rue, relayer les images et les paroles d'individus en individus, donner des consignes de rassemblement, alimenter les médias publics, alerter la presse internationale* » (Lafrance, 2012, p. 10).

Cet événement a lieu quelques jours après notre premier entretien avec le Ministre des Télécommunications du Congo, Thierry Moungalla avec lequel nos échanges avaient porté sur la difficulté pour les Congolais de joindre les services d'urgence par les 2 ou 3 portables dont ils disposent. En effet, il n'y avait pas au Congo de services d'urgence comme en France : le 15, le 17, etc.

L'émergence d'un « sentiment de solidarité nationale » tel que constaté en Tunisie (Touati, 2012, p. 12) et une participation des individus qui, dans le même temps, ont cherché et transféré des informations à d'autres. La sensibilisation de l'opinion internationale a été un élément important du fait pour les individus d'une mauvaise gestion de l'événement dans le cadre de l'information et des secours apportés aux victimes.

Des personnalités congolaises avaient communiqué tout au long de cette journée du 4 mars via leur page Facebook, sauf que la plupart des Congolais s'informent le plus souvent sur les

---

[20] Cf. article paru dans *La semaine africaine* « hommage à Icha Belgina morte décapitée à Brazzaville », mars 2012.

médias de masse, la TV et la radio. La journée caractérisée pour la population, par le silence des autorités et des médias de masse, a conduit à une panique générale à laquelle nous avons assisté. Quelques jours après ce dramatique événement, il a été mis en place un numéro d'urgence pour ceux qui souhaitent avoir des nouvelles de leur famille. Ce numéro concernait surtout les Congolais de l'extérieur. Malheureusement, jusqu'en 2014, il n'y avait toujours pas de numéro pour les urgences médicales ou autres au Congo-Brazzaville.

Cependant, cet événement a permis aux Congolais de prendre conscience de la possibilité de transmettre des informations, d'échanger et de se mobiliser via les réseaux sociaux. C'est une possibilité pour tous ceux qui ont un accès Internet sur leur lieu de travail ou ailleurs. En France, il y a eu une mobilisation des Congolais de la diaspora via les réseaux sociaux pour collecter des produits pour les victimes de cette explosion.

Le 4 mars Facebook a permis aux populations de suivre les événements, pour les plus actifs de se mobiliser, mobiliser la communauté internationale (Musso, 2011). La première étape de la communication autour de cet événement avait été la diffusion des informations (nombre de morts, de déplacés, les causes de l'explosion ; pour ceux qui sont loin, prendre des nouvelles de la famille, etc.). La seconde étape a consisté à organiser et à participer à des collectes de fonds, de manifestations de soutien, (concerts, réunions à l'ambassade du Congo à Paris par exemple).

Lors du 4 mars, Facebook et Internet mobile ont permis des interactions de la diaspora et des actions de mobilisation menées sur place. Pour reprendre l'affirmation de Zeineb Touati en s'appuyant sur le cas de la Tunisie, « Internet, Facebook outils importants de l'organisation de l'action collective et des supports opérationnels et performants de la mobilisation sur le terrain », (Touati, 2012, p. 12). Facebook a permis donc la médiatisation de l'événement et la dénonciation de sa mauvaise gestion par les autorités. Par sa facilité d'usage du dispositif, Facebook a permis une multiplication de l'info, renvoi vers les amis & contacts, vidéo, photos, textes (Flichy, Touati)

Des vidéos, des photos sur l'explosion ont été envoyés à des milliers de personnes, suscitant une vive émotion, indignation et colère. L'explosion avait eu lieu du dimanche matin, jour de sortie familiale pour les congolais et à proximité des habitations, cet événement a montré que le manque de ressources médicales du Congo qui avait dû faire appel à la communauté internationale.

D'une communication à dominance informationnelle (s'informer sur les sites des médias étrangers et ceux qui opposants), on est passé à une communication plus interactive sur des sujets qui touchent à « la chose publique ». Les congolais ont découvert sur des espaces numériques « les critiques ouvertes, les contestations, les débats contradictoires) souvent absents des médias traditionnels. Aujourd'hui, beaucoup de Congolais ont accès à Facebook via leur téléphone mobile et on assiste à de nouvelles formes d'organisation sociale, d'échange, de discussion, mais aussi de débats sur ce qui se passe « au pays » entre les Congolais qui sont sur le territoire et ceux de la « diaspora ». L'analyse des usages de la téléphonie mobile et d'Internet permet de constater une appropriation à des fins d'épanouissement personnel (Jouët, 2000, p. 503) : *« J'ai un téléphone qui me permet de gérer mes relations et une page Facebook dans laquelle je peux exprimer mes idées, parler de ma vie de famille, une existence détachée de la communauté »* (Dany, 40 ans, Brazzaville). Facebook devient pour les Congolais, un autre Congo, un territoire virtuel où l'on peut dans un groupe (Congo lovers, BDL), s'entretenir avec un Ministre, échanger avec d'autres sur la situation du pays et du reste du monde, avoir accès à des informations que ne diffusent pas les médias traditionnels locaux et partager avec d'autres des sujets d'intérêt individuel ou collectif.

III) Les limites des usages du numérique

III.1 Un usage très fonctionnel

L'utilisation des réseaux numériques est encore limitée à leur potentiel communicationnel, qui est certes important, car correspondant à un besoin exprimé par les populations. Les communications *via* le téléphone portable se font majoritairement à des fins sociales et administratives (familles, amis, établissements scolaires, etc.). Lors de notre observation sur le terrain de 2005 à 2009 nous avons observé que les habitants ont un usage assez fonctionnel du téléphone portable, c'est-à-dire : émission et réception des appels. Les individus évoluent dans un environnement matériel et technologique inadéquat du fait de l'absence de conditions minimales pour faire fonctionner les appareils, mettant ainsi les usagers dans l'obligation de « se débrouiller » tout seul. Il n'y a pas, dans les quartiers populaires, des boutiques modernes de téléphonie moderne. Nous avons noté également une insuffisance, voire une absence de formation d'initiation à l'usage des Technologies de l'Information et de la Communications dans les écoles du Congo.

Les Congolais s'envoient des messages textuels sur le territoire et ils en reçoivent des membres de leur famille qui vivent à l'étranger. L'utilisation d'Internet se limite à la consultation de la messagerie électronique, car les Congolais ne sont généralement pas informés des interactions qui existent entre le téléphone portable et Internet. Or, ces interactions permettraient aux petits consommateurs d'avoir une autre utilisation de leur appareil et de ne pas forcément en rester à l'utilisation basique de leurs appareils. L'Internet mobile se développe certes, mais ne concerne qu'une petite partie de la population congolaise.

Nous notons donc l'insuffisance des services offerts par les réseaux numériques au Congo, contrairement à la France, où les usagers ont à disposition une multiplicité des services et où les réseaux numériques sont un prolongement des systèmes de télécommunications antérieurs (téléphone fixe, Minitel, etc.).

III.2 Le coût des communications

Même si la baisse des appareils téléphoniques a été un facteur important dans l'acquisition des nouveaux outils de communication, les services de téléphonie mobile représentent en particulier un poste de dépense important dans le budget des ménages les plus démunis, qui peuvent alors être enclins à réduire leurs dépenses essentielles (éducation, santé, alimentation, habillement, etc.). Les cabines téléphoniques pratiquent des tarifs prohibitifs.

A cause du coût élevé, les appels sont très courts, la durée moyenne des communications est de deux minutes. Le téléphone mobile se présente alors comme un moyen très pratique de pouvoir joindre sa famille, pour prendre rapidement des nouvelles, pour communiquer une information, pour fixer ou confirmer un rendez-vous. Pour discuter d'une affaire, il est toujours plus pratique de se déplacer et de discuter à son aise face à face. Mais pour se renseigner sur un numéro, il faut savoir qu'il n'existe pas, au Congo, l'équivalent des pages jaunes et des pages blanches.

III.3 Les coupures d'électricité

Le réseau électrique fonctionne en République du Congo sur un système par secteur tournant, qu'on qualifie sur place de « délestage ». La population congolaise doit faire face au quotidien à des coupures d'électricité régulières. Cette situation est due à la vétusté des installations de la Société Nationale d'Electricité (SNE) et de l'inadéquation entre la production et la consommation. Les habitants les plus aisés acquièrent le plus souvent un groupe électrogène. Les onduleurs ne sont pas fréquemment utilisés. La non fiabilité du réseau (instabilité du courant, surtension, délestage, etc.) entraîne le plus souvent le dysfonctionnement des appareils de consommation courante (télévision, réfrigérateur, congélateur, HIFI, etc.), et les matériels de télécommunication (ordinateur, téléphone, modem, etc.) n'échappent pas à cette règle. Il arrive que tout un quartier de la capitale ne soit pas alimenté en électricité durant deux semaines à un mois consécutif.

Dans cette situation, il est difficile pour un particulier de pouvoir recharger la batterie de son portable et souvent les Congolais sont obligés de se déplacer ou de rechercher une zone où le réseau électrique fonctionne. Ils sont donc souvent obligés d'écourter leurs conversations téléphoniques pour faire des économies d'énergie : « *il faut d'abord penser à électrifier le pays avant de faire quoi que ce soit, mes parents ne peuvent plus m'appeler, parce qu'ils n'ont pas l'électricité depuis deux mois, il faut payer les chargeurs ambulants, mais bon Dieu où sont passés les 1000 milliards pour électrifier le Congo ? Il n'y a pas d'électricité au Congo, le débat sur les TIC ou la fibre optique n'est que du bluff et n'a pas lieu d'être* », DLK, père de famille, 2013. La construction de la centrale thermique de Brazzaville et du barrage d'Imboulou situé à 210 km au nord de la capitale sur la rivière Léfini n'ont pas résolu les difficultés d'électricité de la population, les délestages se poursuivent avec d'importantes conséquences économiques (Bossoto, 2010).

Pour Annie Cheneau-Loquay, ces problèmes d'électricité sont un véritable frein au développement des TIC dans les pays d'Afrique. L'auteur propose que « *pour que les TIC et le téléphone mobile se développent, il serait important que les États s'investissent dans le secteur des télécommunications et dans les autres réseaux matériels, ce qui demande dans un premier temps la recherche de solutions aux caractéristiques essentielles du sous-développement : discontinuité et carences des réseaux électriques, absence de routes carrossables, etc.* » (Chéneau-Loquay, 1998).

III.4 Le taux de pénétration

Le taux de pénétration des téléphones mobiles est encore faible sur le continent africain en général et au Congo en particulier et c'est dans les grandes villes que les habitants ont le plus facilement accès aux réseaux numériques et au téléphone portable (Brazzaville, Pointe Noire, Owando, Loubomo, etc.). La situation reste critique dans les zones rurales, même si le gouvernement congolais et les principaux opérateurs (*MTN* et *AIRTEL*) se sont engagés dans un projet de couverture nationale pour la téléphonie mobile. Le coût des services, des appareils et la non accessibilité pour l'ensemble de la population constituent à l'heure actuelle un frein à la généralisation de cet outil. Ce qui permet de voir qu'il y a et qu'il persiste des inégalités dans l'accès aux outils modernes de communication. L'accès est limité aux grandes zones urbaines, même s'il y a eu des progrès ces dix dernières années.

III.5 La protection du consommateur

Si les appareils téléphoniques coûtent moins cher au Congo (à partir de 20 000 FCFA, environ 30 euros), ils ne sont pas souvent de bonne qualité. Les téléphones portables s'achètent au comptant, aucune garantie n'est prévue pour le client en cas de perte, de vol ou de mauvais fonctionnement de son appareil. En cas de défaillance du matériel, le Congolais dispose de deux semaines pour échanger son appareil sur présentation du ticket de caisse. Les remboursements ne sont pas souvent possibles. L'analyse du projet, les orientations stratégiques du gouvernement (Ndalla, 2004), ainsi que notre observation sur le terrain font état de décisions prises pour protéger et informer le consommateur congolais, mais elles sont insuffisantes et ne sont pas très appliquées. Les tarifs pratiqués par les opérateurs sont libres. Il n'existe aucun organisme, pas même une structure comme une association de consommateurs chargée de veiller aux intérêts de ceux-ci. Il revient aux pouvoirs publics de mettre en place une réglementation nationale et de veiller au respect des réglementations internationales.

- L'environnement et la santé

Dans les pays plus avancés, les associations de consommateurs ont attiré l'attention du gouvernement sur les dangers éventuels de l'usage exagéré du téléphone portable et de la présence des antennes. Une visite sur les sites Internet des principaux opérateurs de téléphonie mobiles nous permet de voir que pour *MTN*, l'engagement le plus important est le don de fournitures scolaires à certaines écoles congolaises. Aucune page ne fait état des mesures prises en matière d'environnement et de santé publique. Un protocole d'accord[21] avait été signé entre l'ancien opérateur *AZUR Télécom Congo* et la Chambre de Commerce de

---

[21] Source : protocole d'accord signé entre *Azur* et la chambre de commerce de Pointe Noire distribué en 2013 aux participants du *Forum Green Business*.

Pointe Noire, le jour de la clôture du *Green Business* à Pointe Noire (Congo) et visait la collecte et le recyclage des téléphones cellulaires usagés. Dans le préambule de cet accord, l'opérateur de téléphonie mobile *Azur* affirmait que les Congolais achètent 2 téléphones cellulaires chaque année et changent d'appareils tous les 18 à 36 mois et que 90 % de ces téléphones se retrouvent dans l'environnement. Or les vieux appareils peuvent contenir des substances toxiques telles que le plomb, le cadmium, le béryllium et ignifuges bromés et contribuent à la dégradation de la nature. Depuis la signature de cet accord en mai 2013, aucune action de collecte des téléphones usés n'a été mise en place par les deux entités. Par ailleurs, en dehors des portables envoyés par les expatriés, que les Congolais jugent plus fiables, l'origine des portables vendus sur le territoire congolais n'est pas connue. Certains Congolais, que nous avons interviewés, constatent résignés que les portables sont souvent de qualité moyenne et leur durée de vie très courte. Il y a là aussi des efforts à faire en matière de réglementation des importations de matériels électroniques.

III.6 La réduction de la pauvreté

Les recettes engendrées par la vente de licence GSM, par la publicité, par la vente des appareils et par les communications n'ont pas permis une amélioration de la vie des Congolais : il n'y a pas eu de réduction de la pauvreté et le niveau de vie reste bas. C'est un investissement et une dépense supplémentaire, pour un outil qui se révèle indispensable et qui génère des dépenses en termes de fonctionnement (achat de carte et recherche électrique du téléphone). Les revenus engendrés par la croissance des usages de la téléphonie mobile au Congo Brazzaville n'améliorent pas la condition de vie des Congolais. Pourtant, le secteur a profité aux États qui ont perçu des devises sous forme de redevances de licences. La question du lien entre réseaux numériques et développement ne saurait se poser ici.

III.7 Des interactions limitées

D'une manière générale, il a été relevé les aspects négatifs à l'utilisation des médias sociaux et des applications de type WhatsApp. S'il est incontestable qu'elles relient les individus, elles n'améliorent pas forcément les relations. Nous avons noté également une marginalisation d'une catégorie de la population. En effet, malgré les évolutions dans le secteur de la téléphonie mobile, les inégalités d'accès aux réseaux numériques qui persistent, entre par exemple zones rurales et zones urbaines : "la discrimination en matière d'accès selon les revenus : Internet, entre autres, reste un luxe pour la majorité des africains : des citoyens dotés du capital économique et culturel et les autres" (Dakouré, 2014, p. 5). A cela peut s'ajouter une inégale distribution des compétences techniques et culturelles (éducation). Internet mobile n'est pas accessible à tout le monde : Il persiste un fossé numérique entre catégories sociales privilégiées. L'Internet mobile se développe, mais il ne concerne encore qu'une partie de la population : Même si la baisse des appareils téléphoniques a été un facteur important dans l'acquisition des nouveaux outils de communication.

Même si les forfaits Internet ont beaucoup baissé, pour les interviewés qui sont au Congo, il n'est pas toujours facile d'avoir accès aux vidéos dont la lecture "consomme les crédits téléphoniques". En effet, l'achat des cartes téléphoniques représente une dépense supplémentaire pour les familles congolaises dans une situation de précarité, pour la plupart. Les populations plus âgées ont encore du mal à utiliser les téléphones de nouvelles générations, elles ne savent gérer des écrans tactiles, elles continuent d'utiliser un téléphone "simple".

Les savoirs diffusés ne sont pas certifiés par l'expérience et les savoirs d'un professionnel. En outre, cette assimilation, cette expérimentation "en solitaire" et une transmission dans la foulée ne se fait pas forcément avec un esprit critique, de la vérification et du recul. Recevoir des informations n'est pas synonyme de connaissance et cette assimilation de ce flot de connaissances n'est pas aisée pour tous les individus, il n'y a pas forcément de décodage.

Un autre problème subsiste au Congo-Brazzaville, celui de l'électricité. Au Congo, Brazzaville, la population a connu une période de délestage de 45 jours de novembre à décembre 2018, la population a dû faire preuve de son "débrouillardise habituelle" pour rester connectée.

Dans l'analyse des documents envoyés, WhatsApp se révèle finalement être un outil de transmission d'informations plutôt que de véritables communications. Les individus ne sont pas forcément en interaction entre eux. Les liens ne sont entretenus que par la diffusion d'informations. La lecture des documents devenant chronophage, elle prend du temps et les documents envoyés tendent à la saturation des appareils qui n'ont pas été conçus pour recevoir autant d'images, de vidéos et de sons dans de délais aussi courts. Par ailleurs, Le récepteur se retrouve dans l'incapacité de lire l'ensemble des documents reçus. Il est obligé d'en supprimer un grand nombre pour pouvoir faire de la place dans son smartphone. Il n'y a pas de temps d'analyse entre deux envois. Les documents envoyés ne vont pas dans le sens d'une ouverture au monde et au développement d'un esprit critique. Les images sont envoyées sans précautions, sans message d'explication, partant du principe que le destinataire va pouvoir les inscrire dans un cadre de référence et disposera d'assez d'éléments pour les décoder. Les règles les plus élémentaires de l'éthique, du respect de la vie privée ne sont pas respectées, ainsi que les droits d'auteurs, certaines informations sont partagées sans indiquer les sources. Il y a abondance de fausses images, de rumeurs, d'images à caractère pornographique, aucune précaution n'est prise pour alerter les publics sensibles. Les informations religieuses sont largement diffusées sans tenir compte des principes et valeurs des uns et des autres. En un clic, fichier texte, audio, texte, image et vidéo sont transférés. La coexistence dans les envois d'une journée de documents de plusieurs genres pose problème : un immeuble qui s'écrase dans un quartier de Brazzaville, des images violentes, des images de souhaits de pâques et de vœux de bonne journée.

L'absence de groupes organisés, dans la diffusion des informations, suscite des interrogations. Nous avons noté l'absence de prise en compte des intérêts disparates et légitimes des parties prenantes. Il n'y a pas d'aspects collectifs et rationnels, ce sont des individus qui communiquent de manière continue. Les informations diffusées ne tiennent pas compte de la variété des acteurs, des profils multiples et des objectifs différents. Certains interviewés considèrent les informations comme envahissant leur intimité et regrettent une interaction qui se limite à une simple diffusion d'informations. Il y a des interviewés qui ont avoué avoir bloqué des correspondants qui transmettaient régulièrement des informations politiques et religieuses : "*j'ai rencontré une ancienne amie dans un train, je lui ai transmis mes coordonnées pour pouvoir échanger avec elle, reconstruire une amitié, mais le lendemain, elle s'est mise à m'envoyer des images religieuses, j'ai bloqué son adresse*" (U, Cadre, Toulouse).

Il n'a pas de transformation identitaire pour permettre la mobilisation d'un maximum de personnes. La question que l'on se pose, est le fait que de faire de la dénonciation permanente, sans faire de proposition, ne risque-t-elle pas de renforcer une posture de victimisation et ne pas donner à l'individu les outils pour prendre son destin en main.

Il n'y a pas de débat critique, de véritables interactions. Il n'émerge pas des contestataires de véritables projets politiques. Nous ne sommes pas convaincus que la diffusion d'informations débouche vers la construction d'un savoir particulier par l'accès direct à toutes les ressources. En dehors de l'indignation que certaines informations suscitent, les cybercontestaires donnent-ils aux uns et aux autres des clés pour une alternative ou des solutions pour l'amélioration politique, économique et sociale de la situation des populations ? Les informations diffusées peuvent conduire à la construction d'une représentation unidimensionnelle de la situation en Afrique qui est présentée comme étant largement négative. Alors que les plateformes digitales peuvent être l'occasion de la construction d'un monde d'émancipation démocratique, d'acquisition de valeurs et d'expression de choix politiques. Il s'agit de la diffusion d'un contenu important d'informations, de loisirs et de distractions que de véritable engagement, Il n'y a pas d'espace de discussion collective et de travail en commun. Les individus qui reçoivent lisent, regardent, écoutent et en un seul clic transmettent à leur liste de contact. L'implication des individus est faible. On assiste à une sorte de "zapping informationnel" à partir du moment où l'on passe d'un sujet à un autre, sans véritable échange ni débat. Il n'y a pas d'émergence d'un véritable groupe de propositions avec des actions sur le terrain. Cette communication ne se traduit pas par un renouveau du débat public, ni par la mise en avant des revendications collectives ou d'initiatives citoyennes (pétition, boycott) ou encore d'organisation de l'action militante (mobilisation, structuration, visibilité).

III.8 L'insuffisance des politiques publiques

Nous avons constaté une absence de politique volontariste dans le domaine du numérique. Il n'y a pas au Congo une tradition, comme en France, de la création d'un centre de R&D, comme le CNET, qui deviendra plus tard *France Télécom R&D*, institution au sein de laquelle nous avons eu à travailler pendant notre thèse de Doctorat. Parmi les organismes en France qui ont permis le développement de la sociologie des usages, Josiane Jouët cite le département de la *Recherche Prospective* de l'INA, le CESTA (*Centre d'études des systèmes et des technologies avancées*), l'IDATE mais l'auteur souligne que « *l'impulsion majeure revient autour de la Direction générale des télécommunications* (DGT) *et au Centre National d'Etudes des Télécommunications* (CNET) *qui avaient lancé plusieurs appels d'offres dont certains en commun avec le ministère de la recherche* » (Jouët, 2000, p. 492). Ces appels d'offre s'inscrivent dans un contexte d'ouverture à la concurrence où *France Télécom* voulait inciter les Français à communiquer plus, donc à développer les usages (Miere-Pélage, 2003). L'investissement de l'État congolais est insuffisant pour favoriser l'accès de tous à l'outil informatique. En France, par exemple, en 2000, un « *jardin de l'innovation* » avait été installé dans les locaux de *France Télécom R&D* où le public était invité à venir découvrir des innovations technologiques. Il y a même eu des conférences organisées par des universitaires, des opérations entre l'État, les collectivités et les entreprises ainsi que la participation des ingénieurs dans les salons *High Tech* ouverts au grand public. Ce qui fait dire à Josiane Jouët que « *le développement (de la sociologie des usages) a été assuré par le biais de la recherche contractuelle publique, à une époque où les pouvoirs publics s'interrogent sur l'accueil que réservera le public aux nouveaux systèmes d'information et particulièrement au vidéotex* » (Jouët, 2000, p. 493). De ce fait, on peut avancer qu'en France, l'accélération de la diffusion des nouveaux outils de communication est liée à la multiplication des discours de promotion et à l'acculturation progressive à la supposée *société de l'information* (Jouët, 2000, p. 500).

Le Congo a financé un projet, celui de l'entrepreneur Vérone Mankou, qui a mis sur le marché la tablette et le Smartphone. Nous avons rencontré des collègues universitaires au *Département des Sciences et Techniques de la Communication* : en dehors de l'ouvrage écrit en coordination avec Alain Kiyindou, il n'y a pas de réflexion, ni de projets autour des usages du numérique en Afrique et au Congo en particulier. Il n'y a que des initiatives isolées et non répertoriées. C'est le cas d'un jeune ingénieur franco-congolais, animé par le souci de vulgariser les technologies innovantes, qui a mis au point le programme *JCertif,* lequel se propose de promouvoir l'innovation à travers les technologies de l'information et des télécommunications dans les pays émergeants (Tunisie, Maroc, Congo) en présentant des conférences, des formations ainsi que des ateliers de certification en programmation sur diverses plateformes technologiques, dont le mobile. Le but de cette organisation internationale est d'initier la création des modèles de laboratoires afin d'aider au développement d'applications mobiles et d'entreprises dans tous les pays de la sous-région.

Il n'y a pas de partenariat entre le ministère des Télécommunications du Congo et d'autres ministères Education Nationale, Commerce, Industrie, etc. pour susciter la mise en place de services ajoutés dans le domaine des Technologies de l'Information et de la Communication. Pour le Pr Alain Kiyindou, « *si l'on veut que l'intégration des TIC, en particulier d'Internet, dans la société serve des objectifs de justice sociale, il devient essentiel d'articuler les politiques d'inclusion numérique à des réformes sociales et éducatives plus profondes* » (Kiyindou, 2009, p. 254).

Les initiatives existantes sur le terrain se font à titre privé, dans des cybercafés, sans aide de l'État et offrent par exemple une initiation au traitement de texte. Comme l'avait constaté Annie Cheneau-Loquay avant nous : « *les stratégies nationales sont limitées en matière de couverture nationale mais aussi d'équipement, de formation et de vulgarisation des TIC* » (Loquay, 2008, p. 2010). Elles sont d'ailleurs mal perçues par une grande partie des personnes que nous avons rencontrées, parce que jugées déconnectées des réalités et des besoins de la population : « *à la TV, on nous montre le Ministre tout le temps en grande activité, mais sur le terrain, rien ne fonctionne, on nous a promis la fibre optique qui met du temps à arriver, les communications coûtent cher » ; « On nous parle maintenant de cybercriminalité, sommes-nous concernés ?* » (Pierre, directeur d'école). Les questions sur la fibre optique sont celles qui reviennent souvent dans les discussions sur la page *Facebook* du Ministre des Télécommunications du Congo, Thierry Moungalla. Par exemple, alors que les Congolais disposent presque tous d'un téléphone portable, il est encore difficile, à Brazzaville, la capitale, de pouvoir joindre un médecin de garde ou une ambulance. Dans le même temps, le gouvernement investit dans le l'E-gouvernement, alors que l'accès à Internet n'est réservé qu'à une minorité d'individus. L'accessibilité et les contenus doivent être mis en place en même temps. Evariste Dakouré fait remarquer que les discours sur les potentiels apports positifs de l'e-gouvernance en Afrique sont en décalage avec les réalités socioculturelles de ce continent : « *en Afrique, l'accès aux services gouvernementaux exige souvent un effort considérable pour les citoyens. [...] Ce fardeau est particulièrement élevé pour la population rurale, vu que tellement de services ne sont administrés que dans les grandes villes. Et ce que les tenants de ces propos passent sous silence, c'est que ces mêmes zones rurales ont peu accès aux TIC, en particulier Internet, alors que ces TIC leur permettraient d'accéder à des documents et services* » (Dakouré, *RFSIC*, 2014, p. 5).

Actuellement, le Congo a accentué ses efforts autour de la mise en réseau et de l'accessibilité. Malgré une communication autour de l'arrivée de la fibre optique, les populations, surtout dans les quartiers populaires de Brazzaville, rencontrent des difficultés à accéder au réseau : « *le réseau des télécommunications au Congo souffre des mêmes irrégularités que celui de l'électricité* » ; « *Il arrive que je sois obligé de fermer le cybercafé parce que le réseau ne fonctionne pas* », « *Pour avoir une meilleure connexion, je dois me rendre à l'Institut français, c'est plus cher, 1000 francs CFA de l'heure (environ 1,5 euros), contre 500 francs Environ 75 centimes) dans le cybercafé de mon quartier et je dois payer le déplacement en plus* ».

Il y a des écarts importants dans la maîtrise de l'outil et dans l'accès à des services. Du coup, ce sont des individus qui maîtrisent l'outil technique du fait de leur formation (étudiants en réseaux Télécommunications), salariés chez un opérateur de téléphonie mobile ou simple passionné du numérique qui aident les membres de la communication à connaître et à développer d'autres pratiques de l'outil technique, ou à dépanner lorsque le téléphone tombe en panne ou à installer des applications jugées très intéressantes. Cette pratique, très utilisée par des Congolais, présente des risques cependant (panne du téléphone, virus, etc.).

Dans le cadre d'une étude menée sur le management africain face aux réseaux numériques, nous avons pu observer que la fracture numérique existe bel et bien, car dans certains pays d'Afrique, les réseaux numériques restent confinées à quelques cercles. On constate une dichotomie entre établissements à caractères privé et public, par le biais du management, de la gestion comptable de l'utilisation et de l'accès aux réseaux numériques. Ces entreprises évoluent souvent dans un environnement instable, sans grande visibilité. Dans les entreprises publiques, les salariés se plaignent d'une conception « dirigiste » de la conduite des affaires avec souvent de nombreux cadres africains formés en Occident qui peuvent espérer le concours des réseaux numériques, pour s'ouvrir sur le monde impliqué dans la dynamique de la globalisation. Dans les filiales des grands groupes étrangers, en majorité français, tels que Bouygues, Bolloré, EDF, Orange, Total, les salariés bénéficient d'un accès privilégié aux Technologies de l'Information et de la Communication (TIC).

Consciente de cette sous-utilisation des potentialités du numérique, nous avons eu l'idée de monter un projet qui nous a permis de mettre en œuvre des actions de formation et d'accompagnement dans le domaine des TIC au Congo-Brazzaville. Dans la partie qui suit, nous allons présenter notre contribution.

Nous avons observé sur place au Congo que, si elle s'est développée grâce aux adaptations locales et à la nécessité de mieux travailler et de renforcer des liens, l'arrivée de la téléphonie mobile ne s'est pas traduite par une réduction de la pauvreté. L'achat des cartes de crédit pour pouvoir téléphoner représente une dépense supplémentaire pour les familles congolaises dans une situation de précarité, pour la plupart. Il persiste des disparités entre les zones rurales et les zones urbaines, entre une grande partie de la population et les élites cognitives et économiques : « *les modes d'appropriation dits innovants manifestent en fait des disparités en termes d'accès mais aussi une inégale distribution des compétences techniques et culturelles (éducation)* » (Alzouma, *RFSIC*, 2014, p.6). On observe sur le terrain une prise de conscience de l'État congolais des enjeux liés aux réseaux numériques, mais les actions sont insuffisantes : en effet, les politiques publiques en matière de réseaux numériques mettent en avant la dimension accessibilité et non la dimension contenu, proposition de contenus innovants, développement des compétences, formation, communication, etc. Cette prise de conscience doit donc s'accompagner de mesures significatives au regard du potentiel que peut recouvrir ce secteur, par rapport à l'économie et à la vie sociale des habitants. Cependant, l'efficacité des services et leur mise en place supposent une organisation économique.

IV) Un projet de recherche-action sur le numérique au Congo

IV.1 Présentation du projet MODIM

Au Congo, si une bonne partie de la population a acquis un téléphone mobile pour les raisons que nous avons évoquées, notre observation sur le terrain en 2005 et 2009 nous a permis de constater que les habitants en font un usage essentiellement fonctionnel, c'est-à-dire : émission et réception des appels, envoi et réception des sms. Par ailleurs, le Congolais moyen dispose d'un ou deux portables, mais lorsqu'il se retrouve en situation d'urgence, il ne peut contacter ni secours, ni médecin de garde et il est obligé même pour les démarches les plus simples de se déplacer.

En 2010, au mois de novembre, le Congo-Brazzaville est frappé par une épidémie de poliomyélite qui fait des dizaines de morts à Pointe Noire, capitale économique du Congo.

Suite au constat d'une mauvaise communication lors de cette importante épidémie, nous nous sommes demandée, comment faire pour que la population congolaise tire un profit maximum des potentialités du téléphone portable, grâce à la diffusion des messages à caractère formatif, informatif, commercial, environnemental et de santé publique.

Pour combattre la maladie le gouvernement engage une campagne de vaccination. Les autorités communiquent en direction de la population à l'aide des médias de masse comme la radio et la télévision. Or le congolais moyen n'y a guère accès, de façon régulière, faute d'un pouvoir d'achat suffisant, mais aussi à cause du délestage dans la fourniture d'électricité.

La communication s'établit également au moyen des haut-parleurs installés dans les grands marchés, comme si la pollution sonore qui y est déjà très grande (vendeurs de CD, contrôleurs de bus, rabatteurs de toute sorte, etc.) ne suffisait pas.

C'est oublier que l'Afrique est le deuxième plus gros marché du mobile, la région occupant désormais la deuxième place en termes de souscriptions. En un mot le téléphone portable se trouve aujourd'hui être le support de communication que le

Congolais moyen a à sa disposition quels que soient son niveau de vie et sa zone d'habitation.

De ce point de vue, nous avons donc lancé le projet MODIM : Mobiles Développement Innovation Mutations. L'étude de faisabilité de ce projet a été réalisée par les étudiants de EST Littoral (Pointe Noire / Congo) et ceux de l'université de Versailles (France).

L'intérêt était d'analyser comment les individus utilisent les réseaux numériques et nous avons constaté qu'Internet et les réseaux numériques contribuaient à la mise en place de nouvelles formes de liens sociaux. La recherche sur le management africain nous a permis de nous rendre compte, que le secteur des télécommunications connaissait un boom important dans les pays africains et l'exemple du Congo nous a paru intéressant à analyser.

En 2009, lors d'un séjour au Congo, la télévision diffusa un message de la Préfecture sur l'épidémie de poliomyélite et sur la campagne de vaccination. Or, dans les grandes villes du Congo, la population n'ayant pas toujours accès aux médias de masse (problèmes d'électricité), n'a pu bénéficier de cette diffusion, même si cette population est équipée de manière considérable en téléphone portable. Pour nous, il était utile *via* un projet, de monter sur place des actions auprès des pouvoirs publics, des étudiants et du grand public afin de développer une meilleure utilisation des potentialités de la téléphonie mobile.

Les réseaux numériques s'insèrent donc progressivement dans les entreprises congolaises et on note progressivement un engouement du grand public pour la téléphonie mobile. C'est un événement malheureux, une épidémie de poliomyélite, qui va nous inciter à proposer un projet pour aller former sur place des étudiants sur les possibilités offertes sur les réseaux numériques. Nous avons bénéficié d'un congé scientifique de six mois attribué par le Conseil scientifique de l'université de Versailles Saint Quentin en Yvelines pour mener à bien notre recherche-action au Congo.

Avant 2009, il y a déjà eu des initiatives privées qui ont été déterminantes dans le développement des réseaux numériques au Congo, devant la lenteur des services publics à mettre en place des réformes institutionnelles. C'est le cas de l'association *Espace créateurs* qui avait organisé la 1e édition de la *Semaine congolaise des Technologies de l'Information et de la Communication* (SCTIC), du 13 au 17 juin 2000 à Brazzaville. Les acteurs du secteur privé, de la société civile et de l'administration publique, s'étaient fortement mobilisés. D'autres initiatives ont aussi vu le jour : les journées *NTIC-Université Marien Ngouabi* du 10 au 14 juillet 2000, les journées *NTIC-Média public* des 13, 14 et 15 août 2000, la conférence internationale sur les *Technologies de l'Information en Afrique* (CINTEA), en juillet 2001 à Brazzaville et à Pointe-Noire, les journées *NTIC-Commerce* avec le ministère du Commerce en août 2001 à Brazzaville et la mise en place du *Comité pour la promotion des Technologies de l'information* (COPTIC avec un statut associatif) en août 2002.

L'association PRATIC (*Promotion et Réflexion, autour des Technologies de l'Information et de la Communication*), créée le 31 mai 2008 à Paris, a pour ambition d'instaurer une réflexion globale autour des réseaux numériques entre experts, professionnels, étudiants et usagers des réseaux numériques au Congo afin de recueillir des propositions concrètes et d'apporter des solutions applicables en vue du développement des réseaux numériques auprès des différents acteurs (État et société civile). Cette association a organisé plusieurs fois en France et au Congo des colloques, des journées de réflexion sur l'économie numérique et ses enjeux auxquels nous avons participé. Dans ces différents colloques, l'accent était mis sur la contribution de la diaspora, avec l'objectif affiché de développer avec l'ensemble des citoyens congolais à travers le monde, des systèmes performants dans un souci de réduction de fracture numérique.

Dans le même esprit, l'association *SDA* (*Synergies Développement de l'Afrique*) avait organisé le forum *Économie numérique du Congo Brazzaville* au Palais des Congrès de Paris, en 2011, avec l'objectif de mettre en évidence les bonnes pratiques en matière numérique qui peuvent participer au développement économique du Congo et aussi de faciliter une mise en réseau des entreprises du Congo et de la Diaspora. Il s'agissait également de créer des passerelles entre utilisateurs, acteurs et promoteurs du système de l'économie numérique afin d'amener la diaspora congolaise à apporter sa contribution. Nous avons également participé à un atelier de ce forum, au sein duquel intervenait également le Colonel Iwanza, Directeur Général du *Centre d'Informatique et de Recherche sur l'Armée et la Sécurité* (CIRAS) qui compte parmi ses services le *Centre de Formation en Informatique* (CFI-CIRAS), où nous avons pu former les étudiants de Brazzaville.

Ces colloques sont généralement les lieux où se rencontrent différents porteurs de projets. Les thèmes généralement développés sont : les métiers, compétences, emplois dans le secteur, les formations et systèmes d'information, les projets structurants, l'entreprenariat et l'innovation.

Pendant les années de guerre civile, le Congo a vu ses « fils et filles » partir vers d'autres pays. Alors que le Congo s'est lancé dans un processus de développement et fait partie des « pays dits pays émergents », le pays manque de main d'œuvre qualifiée. La solution trouvée par les dirigeants a été de lancer une opération « séduction » à destination des Congolais de la diaspora. Ces derniers ont très hésitants, encore marqués par les souvenirs de guerre, certains exigent l'amélioration des conditions de vie et de travail de ceux qui sont sur place. Par rapport à d'autres domaines où les dirigeants ont du mal à convaincre les Congolais de la diaspora (santé, éducation, etc.), les spécialistes de l'informatique sont généralement des personnes passionnées, ouvertes sur le monde, qui parlent le même langage avec pour principale motivation de tester les nouvelles technologies et faire en sorte qu'elles puissent communiquer, quel que soit l'endroit où elles se trouvent. C'est ainsi, que ces Congolais férus d'informatique se sont retrouvés, oubliant leurs clivages politiques, avec pour seule ambition de répondre à la nécessité de développer l'offre de services et de l'accès des populations aux réseaux numériques. Même si, comme nous le verrons plus tard, dans le pays, la question de la disponibilité, des contenus et de la formation continue à se poser.

Dans notre cas, nous avons lancé le projet MODIM de notre propre initiative, sous la direction du Professeur Annie Bartoli, directrice du Larequoi/ISM (Université de Versailles

Saint-Quentin en Yvelines, avec le soutien des établissements supérieurs du Congo, des opérateurs de téléphonie mobile, des entreprises et de la société civile et la participation du Pr Michel Arnaud (71ème, Université Paris X, Nanterre, du Pr Jacques Perriault, ICC-CNRS, du Pr Miyouna (71e université du Congo), du Pr Jean-Pierre Missié (Sociologie, Université Marien Ngouabi, Congo), du Pr Delphin Loembé (Biochimie, Université Marien Ngouabi, Congo), Dr Alain Ekonzi (Informatique, CFI-CIRAS, Congo). Cette contribution s'est faite sous forme d'ateliers de travail (avec le Ministre des Télécommunications du Congo, Thierry Moungalla, le Directeur National des Télécommunications, le Directeur Général de Warid, ancien opérateur de téléphonie mobile, la banque MUCODEC, etc.), sous la forme de participation à des conférences (économie numérique au Palais des congrès, à Paris, au Green Business à Pointe-Noire), de publications d'articles dans les journaux locaux et de passage dans les médias locaux (TV et radio) et de formation auprès des étudiants et de vulgarisation auprès des élèves d'une école de Brazzaville avec les étudiants du Centre de Formation en Informatique (CFI-CIRAS).

Nous sommes partie du constat que les projets de recherche-action, qui visent un changement social, intègrent souvent des actions de formation ou de renforcement des capacités, puisque, avant d'obtenir le changement social escompté, il faut d'abord conditionner les individus, afin qu'ils opèrent de l'intérieur un changement des mentalités, un changement de comportement ou encore une capacité à pouvoir innover, à pouvoir s'adapter, à pouvoir se prendre en charge et s'auto-développer (Rulanti, 2005, p. 145). Le choix d'une démarche-action implique nécessairement d'ancrer l'objet de recherche dans un problème concret : « *tout projet de recherche-action est en effet issu d'une volonté de résoudre un problème concret, de transformer une situation vécue comme étant problématique par les acteurs en une situation favorable* » (Thietart, 2003, p. 42, p. 49). Pour le Congo, l'objectif était modestement de contribuer à mieux adapter les politiques et les programmes aux besoins réels des sociétés africaines en matière de développement numérique, donc « *contribuer à construire une réalité nouvelle, émergente, sous la forme de représentations et/ou d'outils de gestion actionnables* » (Thietart, 2003, p. 49).

IV.2 Les préconisations

Notre observation sur le terrain a mis en relief les limites du secteur des télécommunications présentées plus haut. D'autres usages des téléphones mobiles sont possibles et les domaines à développer sont nombreux. Le téléphone mobile est le seul outil de communication dont les Congolais disposent de manière permanente et régulière sur eux. Celui-ci peut être utilisé pour diffuser des informations de nature formative, éducative, environnementale, commerciale et de santé publique. En décembre 2009, nous avons fait une observation des pratiques réelles sur le terrain à Brazzaville. Cette étude a donné lieu à une conférence au séminaire inter-universitaire à Strasbourg sur la communication et le développement durable.

Il en est ressorti plusieurs aspects. Le secteur de la téléphonie mobile est en croissance, mais il présente encore des défis à relever, car les coûts des communications restent élevés. Les usages restent très fonctionnels (transmission et réception des appels). Devant la saturation du marché dans les grandes zones urbaines qui représentent pourtant un potentiel important, les sociétés de téléphonie mobile n'ont d'autres choix que de développer d'autres services, d'autres stratégies commerciales, d'innovation et des alliances avec d'autres secteurs et de proposer des nouveaux contenus. Sur ce dernier point, des services peuvent être développés dans les domaines socio-économiques, la santé, l'éducation pour améliorer les conditions de vie des Congolais et des mesures doivent être prises du point de vue de l'information, de la formation, de l'éducation et du développement de l'usage de ces outils, pour inciter la population à utiliser les technologies de l'information et de la communication. Des dispositifs d'information et de vulgarisation du numérique auprès des citoyens peuvent être envisagés par les pouvoirs. Afin d'utiliser ces outils efficacement, les personnes ont besoin d'être formées et informées. D'autres mesures doivent être prises pour favoriser le développement des produits et des services et soutenir les acteurs engagés dans ce processus (développement d'infrastructures, logiciels, mesures fiscales, etc.).

- En matière de formation à distance

Depuis quelques années, la formation à distance est devenue un phénomène de société, la multiplicité des supports et le développement des techniques et des technologies font de celle-ci un enjeu majeur. Cette situation vise d'abord une ubiquité que l'enseignement classique ne peut pas toujours assurer. Par contre, cette quasi-absence de temps et de la distance permet de nouvelles modalités d'expression et d'apprentissage, où les supports sans fil prennent de plus en plus l'avantage sur l'ordinateur. Il s'agit d'étoffer l'offre de formation à moindre coût, d'offrir de nouvelles formes d'enseignement *via* les plateformes collaboratives concernant tous les domaines de spécialité et ensuite de contribuer à l'élévation des niveaux de savoir-faire en leur apportant des services ajoutés dans les modes de la formation et de la communication.

Compte tenu des difficultés et des insuffisances de l'enseignement traditionnel au Congo (manque d'enseignants et de formateurs, manque d'infrastructures adéquates et autres), le *Mobile e-Learning* peut être un outil intéressant. Il s'agit donc de permettre, grâce à un outil accessible pour tous (téléphone), à des populations désavantagées (faibles revenus, isolement) de se former à moindre coût et d'accéder à un meilleur niveau socio-économique, comme c'est le cas dans d'autres pays d'Afrique, tels que le Mali, le Tchad, le Burkina Faso avec lesquels travaillaient Michel Arnaud (Pr, 71e, Université Paris X, Nanterre) sur des projets avec des doctorants.

- Au niveau économique

Les projets présentés plus haut montrent une prise de conscience de l'État congolais des enjeux liés aux technologies de l'information et de la communication. Cependant, cette prise de conscience ne s'est pas accompagnée de mesures significatives au regard du potentiel que recouvre ce secteur par rapport à l'économie et à la vie sociale des habitants. Près de dix ans après l'introduction de la téléphonie mobile en République du Congo, des progrès ont été réalisés en matière d'accessibilité et de coût tarifaire. Le secteur des télécommunications nécessite des investissements importants et les enjeux sont considérables, ce qui ne peut se faire sans l'intervention de l'État. L'efficacité des services et leur mise en place supposent une organisation économique.

Il faut pour cela au niveau des pouvoirs publics congolais une prise de conscience du potentiel du numérique, pour favoriser le développement de nombreux secteurs d'activités, l'émergence de modes d'appropriations innovantes de la téléphonie mobile et la gestion des urgences dans le domaine médical. De nouvelles alliances, de nouvelles associations et de nouveaux partenariats sont indispensables. Il faudra développer des services, comme l'envoi de photos et d'images, pour pallier au mauvais fonctionnement des services postaux, dans le territoire entre le Congo et l'international et comme la TV sur Internet qui permet d'écouter la radio, les informations de santé publique et de prévention. Ce sont autant de services innovants en relation avec la vie quotidienne, qui peuvent rendre plus efficaces les opérations courantes.

La mise à disposition de services innovants est la condition *sine qua none* pour permettre l'émergence d'autres usages du téléphone mobile. Cette mise à disposition suppose que les opérateurs de téléphonie mobile revoient leur stratégie, mais aussi qu'ils s'associent à d'autres acteurs des secteurs socio-économiques.

L'alliance entre les entreprises de services et les opérateurs de téléphonie mobile peut permettre de faire de la publicité et de la promotion de services. L'information commerciale disponible est généralement destinée à un marché structuré et bien organisé avec des infrastructures assez suffisantes ; ce qui n'est pas le cas avec les économies rurales dans les communautés étudiées, qui sont des économies plutôt informelles, dans des situations de «pré-marché» et qui doivent par conséquent trouver des moyens assez novateurs, pour s'insérer rapidement dans ce marché plus formel et structuré. L'enjeu ici est de trouver des voies novatrices permettant cette intégration rapide au marché interne et externe dans ces pays.

A long terme, l'implication des entreprises de BTP, agences de voyage, des concessionnaires automobiles, des instituts de beauté, des salons de coiffure, du prêt à porter, etc. peut permettre de développer d'autres usages. Si la diffusion des réseaux numériques et la multiplication des services sont reconnus par le gouvernement congolais et s'il y met les moyens, alors cette stratégie pourrait constituer un élément important dans la croissance économique du pays. L'État, qui va jouer le rôle de mobilisateur, devra réunir les partenaires économiques comme les grandes entreprises, les banques, les institutions internationales, etc. Des accords sont indispensables entre des entreprises de plusieurs domaines (informatique, télévision, services aux particuliers, etc.).

IV.3 La formation des étudiants

Dans le pilotage du changement, Annie Bartoli souligne que la communication et la formation sont les deux moyens qui permettent « *d'agir sur les comportements en explicitant et en faisant évoluer les représentations* » (Bartoli, 1986, pp. 74-75). L'auteur explique que la formation a des effets sur la mentalité des "formés" : « *la formation peut amener les salariés à évoluer par rapport à leur milieu de travail, et par conséquent à se poser des questions nouvelles qui vont contribuer à remettre en cause des normes et valeurs existantes dans le fonctionnement quotidien de leur organisation* » (Bartoli, 1986, p. 75). En dehors des cas de transformations organisationnelles, la formation est utile dans un processus d'innovation technologique et d'appropriation de cette même technologie. S'approprier l'innovation nécessite de saisir le bien-fondé de son environnement géographique et économique et ce qu'il offre comme opportunités. Les ressources humaines jouent un rôle important dans ce processus, il convenait également d'initier les jeunes aux nouvelles techniques, c'est ce qui a motivé notre démarche. Il était utile de former de jeunes Congolais aux applications qu'il est possible de développer *via* les Technologies de l'Information et de la Communication. En effet, le problème du Congo, comme d'autres pays, n'est pas uniquement d'avoir des informaticiens ayant des connaissances poussées dans la maintenance des réseaux, la fibre optique, etc. mais de susciter chez eux la capacité d'innover, d'être à jour de nouvelles innovations et de pouvoir créer des entreprises organisées qui transmettent le savoir aux nouveaux candidats à l'innovation. Le choix s'est porté sur deux sites.

Nous avons enseigné au Congo, en qualité de professeure invitée, à l'Ecole Supérieure de Technologie du Littoral de Pointe Noire qui forme les étudiants en Réseaux et Télécommunications, au Centre de Formation en Informatique du Centre Informatique de Recherche sur l'Armée et la sécurité (CFI-CIRAS), à l'Institut des Hautes Etudes en Management (IHEM), nous avons contribué avec des collègues congolais à organiser et harmoniser les enseignements de communication et à réfléchir sur des maquettes de formations de Master 2 communication (IHEM).

Le premier site, l'École Supérieure de Technologie (EST) du Littoral de Pointe Noire est un établissement parapublic, géré par trois collègues universitaires congolais : le Pr Delphin Loembé, (ancien Ministre), Aimée Gnali (Professeur agrégée, ancienne Ministre) et Servet Biyoko (Dr, Maître assistant). Cette formation a concerné les étudiants en Réseaux Télécommunications que nous avons fait travailler *via Facebook*, avec les étudiants de l'IUT de Mantes. EST Littoral est en partenariat avec l'IUT d'Evry et est l'une des rares écoles au Congo à proposer des formations en *Génie des Réseaux Télécommunications*, en génie des systèmes industriels, en génie des systèmes en réseau (GSR), en Génie de l'environnement et en énergies renouvelables de l'hygiène sécurité et environnement, domaines dans lesquels le Congo manque de personnels compétents.

Cet échange avait pour objectif de montrer les services innovants - la France pouvant servir de modèle, puisque très en avance sur le développement des applications liées aux Technologies de l'Information et de la Communication - et de faire travailler les étudiants sur la réalisation d'applications pouvant être utiles à la population et leur permettre de créer de la valeur ajoutée. Il nous a paru important de montrer les potentialités des technologies de l'Information et de la Communication aux étudiants congolais en réseaux et télécommunications, qui seront les futurs salariés des opérateurs de téléphonie mobile.

Le deuxième site choisi était le Centre de Formation en Informatique du *Centre de Recherche de l'Armée et de la Sécurité* (CFI-CIRAS) situé à Brazzaville, dirigé par le Colonel Ekondzi, Docteur en Informatique. Le Ciras est un centre de recherche de l'armée congolaise géré principalement par des militaires. Le Ciras propose une structure de formation (CFI) qui est spécialisée dans la promotion et le développement des techniques informatiques. Ce centre vise à former des cadres moyens, supérieurs et administratifs en Réseaux Télécommunications. L'étude s'est faite à Brazzaville la deuxième année du projet. Nous avons aussi pu faire travailler les étudiants de Brazzaville (Congo) avec ceux de l'IUT de Mantes en Yvelines (France).

L'étude mise en place sous forme de projet tutoré entre les deux institutions avait pour but d'analyser la faisabilité de la mise en place de services innovants, *via* le téléphone mobile. Le travail s'est fait en deux étapes : un état des lieux des services proposés par les opérateurs mobiles et les innovations possibles. Il s'agissait, grâce à un transfert de compétences à travers ce projet, de développer localement des compétences et des savoir-faire pour mettre en œuvre des activités génératrices de revenus. Nous voulions également favoriser l'accès à l'information et à la formation d'un grand nombre de personnes, développer des connaissances et permettre l'accès à des ressources en ligne.

Le téléphone mobile, devenant ainsi un instrument d'enseignement, permet d'accéder à des informations et de partager le savoir. La cible concernait une population mixte (autant de femmes que d'hommes), des jeunes et des adultes qui souhaitent compléter leur formation, ainsi que des salariés, dans le cadre d'une formation initiale ou d'une formation continue.

IV.4 La plateforme *E-projet Congo-France*

Depuis quelques années, la formation à distance est devenue un phénomène de société. La multiplicité des supports et le développement des techniques et technologies, font de celle-ci un enjeu majeur. Cette situation vise d'abord une ubiquité que l'enseignement classique ne peut toujours assurer. Par contre, cette quasi-absence de temps et de la distance, permet de nouvelles modalités d'expression et d'apprentissage, où les supports sans fil prennent de plus en plus l'avantage sur l'ordinateur.

La plateforme collaborative *E-Projet Congo France* avait pour but de permettre aux étudiants du Congo et de France, de communiquer et d'y trouver des cours, des exercices mais aussi des informations pratiques : logements, stages, emplois, etc., sur le modèle de la plateforme *Moodle*. Il s'agit de contribuer à l'élévation des niveaux de savoir-faire pour la formation des jeunes, en leur apportant des services ajoutés pour une coopération dans les modes de la formation et de la communication. L'objectif était également de montrer une application concrète des technologies de l'Information et de la Communication, qui peut être utilisée par les étudiants du Congo et de France. Nous avons donc fait travailler les étudiants des deux pays sur le même projet. Ceux de l'université de Versailles Saint Quentin en Yvelines ont conçu la maquette et ceux du CFI-CIRAS l'ont réalisée.

IV.5 Les actions de vulgarisation dans les médias

Le premier article écrit en décembre 2011 dans le journal *La Semaine africaine*, un hebdomadaire qui paraît au Congo-Brazzaville, faisait suite au constat que le Congolais utilisait deux à trois portables et qu'il ne pouvait pas s'en servir en cas d'urgence. Lors de l'épidémie de poliomyélite en 2010, à Pointe-Noire (capitale économique du Congo), les pouvoirs publics utilisent les médias de masse (radio, TV) pour informer la population de la campagne de vaccination, alors que ces Congolais ne sont pas souvent devant leur poste mais ont sur eux leurs deux ou trois téléphones portables. La communication de santé publique pouvait donc, à notre sens, utiliser ce nouveau support pour sensibiliser la population. Nous avons donc écrit ce premier article, dont nous avons eu de nombreux retours positifs et avons ensuite été sollicitée pour en écrire d'autres et pour passer à la TV ou à la radio. Nous avons rencontré les pouvoirs publics, l'Ambassadeur du Congo en France, le Ministre des Télécommunications du Congo, le PDG de *Warid*, ancien opérateur de téléphonie mobile et les présidents des chambres de commerce de Brazzaville et de Pointe Noire. Nous avons donné des conférences également lors du forum économie numérique à

Paris, au Palais des congrès, au forum *Green Business* à Pointe Noire et lors du séminaire international interuniversitaire à Pointe Noire en 2011.

Nous avons également fait de la vulgarisation auprès de publics plus jeunes (élèves d'une école primaire, classe de CE2 à Brazzaville, Congo) avec des étudiants du CFI-CIRAS en juillet et en novembre 2012. Nous nous sommes inspirée des actions mises en place en France pour le développement des réseaux numériques, pour proposer modestement ce projet, comme une contribution au numérique au Congo Brazzaville et aussi aux travaux développés par le Pr Michel Arnaud (71e, Université de Nanterre avec des doctorants du Mali et du Tchad).

La deuxième étape de ce projet se poursuit avec les étudiants de EST Littoral dans le cadre d'un congé scientifique accordé par l'Université de Versailles. Les étudiants du CFI-CIRAS y ont participé à partir de février 2012.

Synthèse

« Tout groupe humain prend sa richesse dans la communication, l'entraide et la solidarité visant à un but commun : l'épanouissement de chacun dans le respect des différences. » **de Françoise Dolto**

Le projet MODIM : Mobiles, Développement Innovation et Mutations

En novembre 2010, le Congo-Brazzaville connaît une épidémie de poliomyélite importante qui fait une centaine de morts. Une campagne de vaccination est ensuite engagée par le gouvernement pour éradiquer cette épidémie.

Pour communiquer à destination de la population, le gouvernement utilise les médias de masse (radio, TV). Or le congolais moyen n'a pas de façon régulière accès aux médias de masse (TV, radio), du fait qu'il n'a pas les moyens de s'équiper ou à cause des problèmes d'électricité. Or L'Afrique est deuxième plus gros marché mobile et la région occupe désormais la deuxième place en termes de nombre de souscriptions. Le téléphone portable se trouve aujourd'hui être le support de communication que le congolais moyen à sa disposition quel que soit son niveau de vie et sa zone d'habitation. Mais l'utilisation de ce support se limite à l'émission et la réception des appels et des sms. Nous sommes alors demandés comment faire en sorte que la population congolaise tire un profit maximum des potentialités du téléphone portable grâce à la diffusion des messages à caractère formatif, informatif, commercial, environnemental et de santé publique.

I) Formation sur le numérique

Ecole Supérieure de Technologie du Littoral de Pointe Noire, Congo

-Mise en place d'un projet de coopération entre l'IUT de Mantes en Yvelines (France) et l'Ecole Supérieure de Technologie du Littoral (Pointe Noire)

-Cogestion de cette faisabilité de l'installation de la plate-forme Moodle par les étudiants de France et de Pointe Noire

-Création d'une page Facebook Moodle pour les échanges entre étudiants de France et étudiants du Congo

Exposition dans le hall de l'IUT de Mantes en Yvelines d'un stand « Congo » pendant la semaine du Développement durable (Avril 2011)

Invitation de deux collègues enseignants-chercheurs congolais à l'université de Versailles Saint Quentin en Yvelines

Présentation du projet MODIM au palais des congrès lors du forum économie numérique, Mai 2011

– Participation au projet de développement des communications via mobile pour les PME-PMI du Congo, proposition d'un support de cours

– Déplacements à Pointe Noire en février, juin, pour la revue de projet avec les étudiants de EST Littoral et dons de fournitures scolaires, livres et préservatifs aux jeunes de Pointe Noire (Congo)

– Validation du projet « MODIM » par le conseil scientifique du l'université de Versailles

– Communication du projet : sur Internet, mise en place d'un blog (milietheodoramiere.wordpress.com, TV Congo (http://dai.ly/ukUoYn), DRTV, http://www.youtube.com/watch?v=WMgBkWNHCEw&feature=share

http://soundcloud.com/naz-r/technob-se-16, etc.

– Création d'un espace Facebook qui sert de test et qui permet la gestion du projet avec les étudiants de EST Littoral (Pointe-Noire).

Centre de Formation en Informatique du CIRAS, à Brazzaville, Congo

Cours à des étudiants de Réseaux Télécommunications, 3ème année

II) Initiation au numérique aux enfants de l'école Saboukoulou, Brazzaville, Congo avec les étudiants du CFI-CIRAS

Juillet-Août 2012 : Démonstrations, jeux, vidéos éducatives, ludiques

III) Les actions de communication, vulgarisation sur TIC-MODIM

A) Entretiens

En France & au Congo

– Antoine ABENA, Ministre de l'Enseignement Supérieur du Congo, Brazzaville, Congo, septembre 2010

– Didier MAVOUENZELA, Président de la Chambre de Commerce de Pointe Noire : février 2011

– Honoré PACA, Préfet de Pointe Noire, Juillet 2011

– Henri LOPES, Ambassadeur du Congo en France, Paris, France novembre 2011.

– Thierry MOUNGALLA, Ministre des Télécommunications du Congo, Brazzaville, Congo, février 2012

– Paul OBAMBI, Président de la Chambre de Commerce de Brazzaville, février 2012

– Jacques GODFRAIN, Ancien Ministre de la Coopération, Président de la Fondation Charles de Gaulle, Paris, France (bureau personnel du Général de Gaulle), mai 2012

– Alain BUI, Vice-président Relations Internationales de l'Université de Versailles, Versailles, France, mai 2012.

– Attachée culturel, Ambassade de France au Congo, Brazzaville, Congo, juillet 2012

– M. LEGER, Directeur GENERAL MUCODEC, juillet, 2012.

B) Séminaires Universitaires et Internationaux :

– séminaires internationaux et inter-universitaires « Communication et Développement socio-économique » à Mantes 'université de Versailles, avril 2011

– « Trois jours environnement et Développement Durable » Chambre de commerce de Pointe Noire, avec ses collègues de l'Ecole Supérieure de Technologie du Littoral, juillet 2011 avec des collègues français, congolais et une visioconférence avec la Martinique (avec le soutien de l'université de Versailles, la communauté d'agglomération de saint Quentin en Yvelines, le ministère des hydrocarbures du Congo, la Chambre de Commerce de Pointe Noire, etc.)

C) Conférences

– Sadema, 4 heures Développement Durable en Afrique, Saint-Germain (78), décembre 2010,

– Forum économie numérique, Palais des congrès de Paris, mai 2011, organisé par Synergies Développement Afrique.

– Forum Green Business organisé par la chambre de commerce de Pointe Noire, Pointe Noire, mai 2011

– Impact du Numérique sur la vie estudiantine au Congo, Brazzaville, PRATIC, ARPCE, mars 2012

– « l'Entrepreneuriat au féminin », Bakento, « La Maitrise des TIC (Technologies de l'Information et de la Communication) Relever les défis aux moyens des TIC : l'e-commerce et le MODIM », Maison de l'Afrique, 23 juin 2012, Paris.

-2012 « Le projet MODIM comme une illustration d'un engagement pour un développement des TIC au Congo / Brazzaville », Colloque "L'Engagement" (CIMEOS/3S, Dijon, et IGS/Propedia),organisé par Pascal LARDELLIER, Professeur, Université de Bourgogne, CIMEOS/3S et Richard DELAYE, Directeur de PROPEDIA.

D) Invitations

-Ambassade du Congo

– UNESCO

Présence dans les médias

– Réseaux sociaux : Facebook

– Presse écrite

La semaine Africaine.

– Avril 2011 : Article sur le séminaire de Mantes dans les Dépêches de Brazzaville

– 16 décembre 2011 : L'article dans la Semaine Africaine

– Mars 2012 : article sur le 4 mars

– Juillet 2012 : article sur le E-projet Congo-France, dans La semaine africaine

Télévision

– Mai 2011 : TV Congolaise, journal de 20h et émissions spéciales

– Juillet 2011

– Septembre 2011 : A l'occasion du SIPEEC

•**TV Congo, DRTV** : journaux 20h en français et en langues locales

•Radio Congo

•Juillet 2011 : séminaire international « Trois jours environnement et Développement Durable au Congo »

•TV Congo, DRTV

– Juillet 2011

Signature de l'accord de partenariat entre la Chambre de Commerce et Warid

– Novembre 2011

Journal TV Congo et DRTV : 20h

– Février 2012 : journal TV DRTV

Lancement du séminaire MODIM avec le CIRAS

– Mars 2012 : journal TV / TV Congo

-Forum sur l'impact du numérique sur la vie estudiantine

Juillet 2012

– DRTV : No comment

– Emission TV Congo, symbiose

– journal de 20h, en français et langues locales, lingala

Liens : http://dai.ly/ukUoYn

Cérémonie de fin d'année des étudiants du CIRAS

– Radio

– Juillet 2012

– Radio-MUCODEC : Interview

Ce projet a été lancé en novembre 2010 et a permis pendant son étude de faisabilité de :

– Mettre en place un projet de coopération entre l'IUT de Mantes en Yvelines (France) et l'Ecole Supérieure de Technologie du Littoral (Pointe Noire)

– Cogérer cette faisabilité de l'installation de la plate-forme Moodle par les étudiants de France et de Pointe Noire

– Créer une page Facebook Moodle pour les échanges entre étudiants de France et étudiants du Congo

– Exposer dans le hall de l'IUT de Mantes en Yvelines un stand « Congo » pendant la semaine du Développement durable (Avril 2011)

– Inviter deux collègues enseignants-chercheurs congolais à l'université de Versailles Saint Quentin en Yvelines

– Présenter le projet MODIM au palais des congrès lors du forum économie numérique à Paris (Palais des congrès), au forum Green Business (Pointe Noire, Congo)

– Participer au projet de développement des communications via mobile pour les PME-PMI du Congo, proposer un support de cours

– Faire des déplacements à Pointe Noire en février, juin 2010, pour la revue de projet avec les étudiants de EST Littoral et dons de fournitures scolaires, livres et préservatifs aux jeunes de Pointe Noire (Congo)

– Initier une opération « retroussons les manches, Salongo » où plusieurs volontaires ont mis la main à la pâte pour nettoyer la cour de la chambre de commerce et de l'Ecole Supérieure de Technologie du Littoral

– Rédiger des recommandations qui sont en cours de rédaction, un projet d'ouvrage commun est à l'étude

– Valider le projet « MODIM » par le conseil scientifique du l'université de Versailles

– Diffuser une communication autour du projet : sur Internet, mise en place d'un blog (milietheodoramiere.wordpress.com, TV Congo (), DRTV, etc.

En termes de communication le projet a été vu à la télévision congolaise et il est également visible sur Internet.

Conclusion

Le Congo-Brazzaville se caractérise par un contexte de pauvreté et d'insuffisance d'investissements de l'Etat dans certains secteurs, un manque de protection sociale dans lequel des familles entières vivent grâce à l'aide des populations qui sont hors du pays. C'est aussi un contexte de "ressources limitées" au sens de Gado Alzouma (Alzouma, 2014).

Les médias sociaux et les applications de type WhatsApp et Facebook ont contribué à un rapprochement des populations et des groupes qui ont été séparés physiquement du fait de l'immigration de certains d'entre eux. Les différentes évolutions technologiques permettent la diffusion d'une manière instantanée de vidéos, de son et d'images. Elles ont été intégrées aux habitudes des individus. On observe le développement d'une expression collective autour des sujets qui touchent les Congolais (mobilisation suite à l'explosion du 4 mars, problème d'eau, d'électricité, la modification de la constitution, etc.), une expression individuelle partagée : « la culture de l'entre-soi » (Cabedoche, 2013), une ouverture au monde avec la possibilité d'accéder à d'autres sources d'information. Les individus peuvent ainsi accéder aux informations diffusées par les opposants aux autorités locales. Nous observons donc une appropriation à des fins d'épanouissement individuel (Jouët et al., 2000), des échanges plus intenses avec la diaspora, une mobilisation politique individuelle et collective et une Communication politique numérique *via* les réseaux sociaux.

L'introduction de l'outil informatique dans les entreprises et l'Internet mobile ont donné aux Congolais via le réseau social Facebook, la possibilité de retrouver des amis et parents mais aussi une ouverture sur le monde mais aussi de prendre connaissance et de débattre des sujets dont ils n'ont pas la possibilité de traiter chez eux. La contribution des Congolais de la diaspora est ici intéressante à soulever. Ils ont apporté matériels, projets, compétences pour le développement du secteur des TIC. Mais cet engagement est lié à leurs besoins d'être en contact avec ceux qui sont restés, d'autres qui sont partis et contribuer grâce à Facebook, individuellement et collectivement au débat public et politique. D'autant que les internautes trouvent dans le réseau une certaine liberté d'expression qu'ils n'ont nulle part ailleurs. Nous constatons donc que les individus jouent un rôle actif dans l'appropriation de la technologie (Alzouma, 2014), ils s'adaptent et adaptent la technologie par rapport aux contraintes et aux besoins de leur environnement, font preuve d'ingéniosité, de créativité, ne sont pas des récepteurs, des consommateurs passifs.

Mais ce qui nous a paru intéressant de constater est le fait que de nombreux individus, sur le territoire, profitent de l'accès à Internet qu'ils ont sur le lieu de travail à leur temps de pause et utilisent les TIC à des fins personnelles et politiques. En effet, ils vont souvent sur Facebook et sur les sites des individus de la « diaspora » pour s'informer et pour avoir des informations que les médias traditionnels ne mettent pas à leur disposition. En fait, le développement des technologies de l'Information et de la Communication a permis à l'opposition congolaise souvent en exil de créer des sites Internet : « Mwinda, Zenga Mambou », sur lesquels il est souvent question de la dénonciation des faits politiques, avec la possibilité d'interagir avec d'autres grâce aux forums de discussion, etc. Ces TIC offrent la possibilité d'une ouverture au monde.

Nous avons proposé de faire une étude sur le terrain, avec notre collègue Sami Zlitni (MCF, 71e, Université du Havre), auprès d'entreprises tunisiennes et congolaises pour mieux analyser la perception de ces nouveaux outils. Sur place, les entreprises tunisiennes et congolaises étaient confrontées aux impératifs de compétitivité qui rendaient indispensables une meilleure circulation des informations. Les TIC servaient donc de supports à une meilleure transmission des données. Au Congo, il existe une fracture numérique entre les filiales de grands groupes (*Total*, *Société générale*), au sein desquelles les salariés disposent de bons outils technologiques, et les entreprises congolo-congolaises, moins dotées. L'analyse sur le terrain en Tunisie et au Congo a montré que les entreprises sur place étaient soumises aux mêmes impératifs de compétitivité et qu'une meilleure circulation de l'information permettait de faire face à ces nouveaux défis. En France comme au Congo, les réseaux numériques qui sont au cœur de toutes les sphères sociales, personnelles ou professionnelles s'imbriquent toujours plus dans les activités quotidiennes des individus. Ceux-ci ne sont pas passifs, ils créent des usages ou mettent à disposition d'autres individus des applications qui favorisent de nouveaux usages. Les réalités observées au Congo et en Tunisie sont loin des discours sur le développement ou non du continent africain.

Pour ce qui est du numérique, il a été constaté en Afrique, d'une manière générale que les Africains ont dû faire preuve « *d'inventivité* », de « *bricolage* », de « *ruse* » pour favoriser l'insertion des réseaux numériques à leurs modes de vie. Au bout du compte, l'étude de ce changement technologique permet de mettre en lumière des innovations sociales importantes avec pour illustration des échanges plus intenses avec la diaspora, une mobilisation politique individuelle et collective sur des sujets qui touchent toute une communauté. En réponse à cette mobilisation, les pouvoirs publics locaux s'organisent et nous avons observé l'émergence d'une communication politique numérique *via* les réseaux sociaux.

Galerie photos

Formation

Plateforme E-projet Congo France

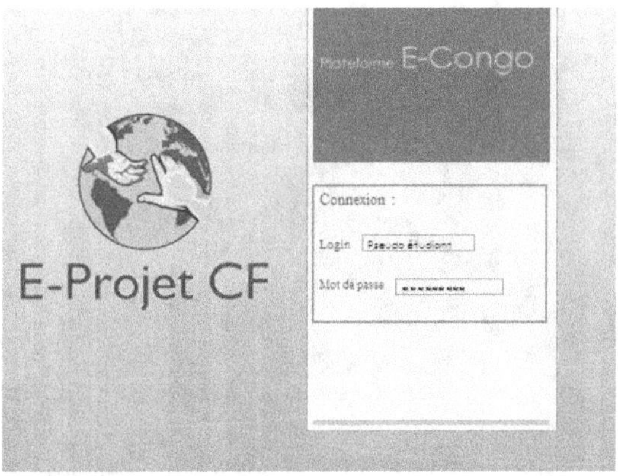

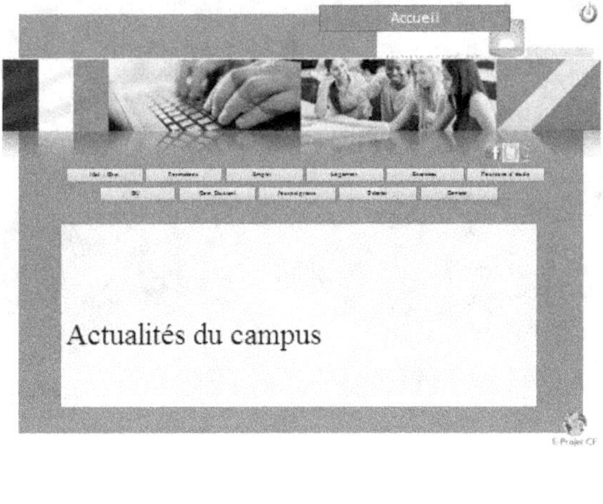

Cours à l'IUT de Mantes en Yvelines, France

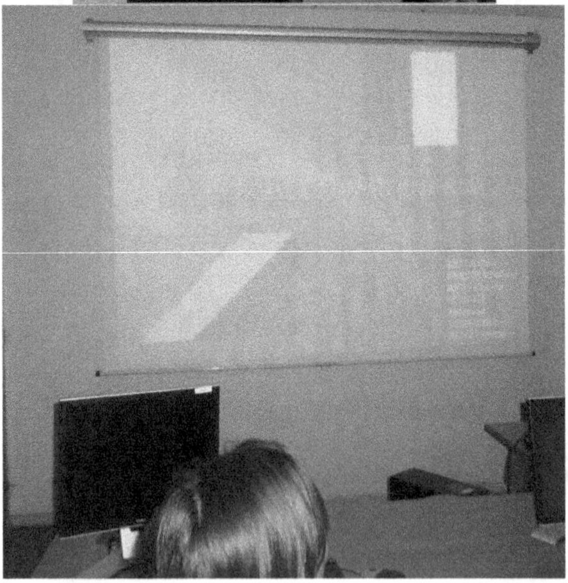

Cours au CIRAS et de EST Littoral (Brazzaville - Pointe Noire) Congo

EST - Littoral

Projet IUT - EST

Echange avec des collègues du CIRAS et de EST Littoral (Brazzaville - Pointe Noire, Congo)

Coopération internationale France - Congo

CONFÉRENCES

Manifestations autour du Numérique en France et au Congo

Paris, France, Palais des Congrès,

PRATIC & Chambres de commerce (Congo)

Séminaires Universitaires internationaux Larequoi / Université de Versailles Saint-Quentin en Yvelines.

UNIVERSITE DE VERSAILLES
ST-QUENTIN-EN-YVELINES

ISM
INSTITUT SUPERIEUR
DE MANAGEMENT

- Pointe Noire, juillet 2011

2011 Séminaire interuniversitaire et international « Trois jours Environnement et Développement Durable au Congo Brazzaville » Pointe Noire co-organisé par le Larequoi/ISM/UVSQ (France) et l'Ecole Supérieure de Technologie du Littoral (Congo), avec la participation des universités de Versailles Saint Quentin en Yvelines, Université d'Evry (France), Université Marien Ngouabi (Congo), Ecole Supérieure de Technologie du Littoral (Pointe Noire, Congo), Pointe Noire, Congo les 5 au 7 juillet 2011, Comité scientifique et publication des actes.

UNIVERSITE DE VERSAILLES ST-QUENTIN-EN-YVELINES

ISM INSTITUT SUPÉRIEUR DE MANAGEMENT

2012 Impact du numérique dans la vie estudiantine, Brazzaville, Congo

UNIVERSITE DE VERSAILLES
ST-QUENTIN-EN-YVELINES

ISM
INSTITUT SUPERIEUR
DE MANAGEMENT

Thierry Moungalla, Ministre des Télécommunications et des technologies de l'Information du Congo

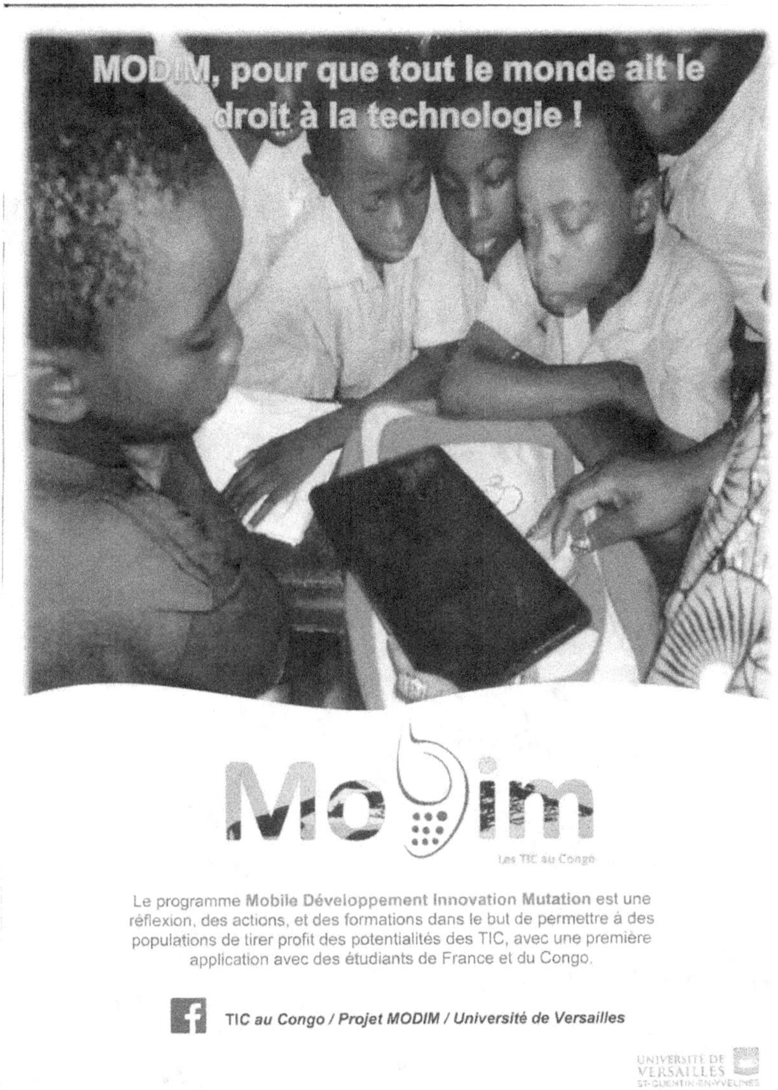
MODIM, pour que tout le monde ait le droit à la technologie !
Modim
Les TIC au Congo
Le programme Mobile Développement Innovation Mutation est une réflexion, des actions, et des formations dans le but de permettre à des populations de tirer profit des potentialités des TIC, avec une première application avec des étudiants de France et du Congo.
TIC au Congo / Projet MODIM / Université de Versailles
UNIVERSITÉ DE VERSAILLES ST-QUENTIN-EN-YVELINES

UNIVERSITE DE
VERSAILLES
ST-QUENTIN-EN-YVELINES
ISM
INSTITUT SUPERIEUR
DE MANAGEMENT

Dans la presse

Permettre à la population de tirer un meilleur profit du téléphone portable

Courant 2010, je suis nommée responsable de projets à l'Université de Versailles. La même année, au mois de novembre, le Congo-Brazzaville est frappé par une épidémie de poliomyélite, partie de Pointe-Noire, et qui fait beaucoup de morts. Pour combattre cette maladie, le gouvernement engage une campagne de vaccination. Les autorités communiquent en direction de la population à l'aide des médias de masse comme la radio et la télévision. Or, le Congolais moyen n'a guère accès, de façon régulière, aux médias de masse, non seulement faute d'un pouvoir d'achat suffisant, mais aussi de disponibilité de l'électricité, à cause des délestages.

La communication s'établit, également, au moyen des haut-parleurs installés dans les grands marchés, comme si la pollution sonore qui y est déjà très grande (vendeurs de C.d, contrôleurs de bus, rabatteurs de toute sorte...) ne suffisait pas.

Par Milie Théodora Mieré.

C'est oublier que l'Afrique est le deuxième plus gros marché du mobile, la région occupant, désormais, la deuxième place en termes de souscriptions. En un mot, le téléphone portable se trouve, aujourd'hui, être le support de communication que le Congolais moyen a à sa disposition, quels que soient son niveau de vie et sa zone d'habitation. Le Congolais moyen possède trois ou quatre téléphones portables. Mais pour quoi faire? L'utilisation de ce support se limite à l'émission et la réception des appels et des messages S.m.s.

Face à cette situation, je me suis demandée comment la population congolaise pourrait-elle tirer un meilleur profit des potentialités du téléphone portable, grâce à la diffusion des messages à caractère formatif, informatif, commercial, environnemental et de santé publique. De ce point de vue, j'ai donc lancé le projet Modim (Mobiles développement innovation mutations). L'étude de faisabilité de ce projet a été réalisée par les étudiants de l'E.s.t Littoral (Pointe-Noire) et ceux de l'Université de Versailles (France).

La deuxième étape de ce projet se poursuit avec les étudiants de l'E.s.t (Ecole supérieure de technologie) du Littoral, dans le cadre d'un congé scientifique accordé par l'Université de Versailles. Les étudiants du C.I.i-Ciras y participeront à partir de février 2012.

Le projet, lancé en novembre 2010, a permis:

- la mise en place d'une coopération entre l'I.u.t de Mantes, en Yvelines (France) et l'Ecole supérieure de technologie du Littoral (Pointe-Noire);
- une cogestion de l'installation de la plate-forme Moodle par les étudiants de France et de Pointe-Noire;
- la création d'une page Facebook Moodle pour les échanges entre étudiants de France et étudiants du Congo;
- l'exposition, dans le hall de l'I.u.t de Mantes, en Yvelines, d'un stand «Congo», pendant la semaine du développement durable;
- l'invitation de deux collègues enseignants-chercheurs congolais à l'Université de Versailles Saint-Quentin, en Yvelines;
- la présentation du projet Modim au palais des congrès, lors du forum économie numérique à Paris (Palais des congrès) et au forum green business (Pointe-Noire);
- la participation au projet de développement des communications via mobile pour les P.m.e-P.m.i du Congo;
- la proposition d'un support de cours;
- la création d'un espace Facebook qui sert de test et qui permet la gestion du projet avec les étudiants de l'E.s.t du Littoral (Pointe-Noire).

En termes de communication, le projet a été vu à la télévision congolaise et il est également visible sur Internet. Les initiatives ne demandent qu'à être amplifiées, afin que le téléphone mobile ne soit pas un simple objet de frime ou de dépenses inutiles, mais un outil au service de la culture, de la santé et du développement de notre pays.

Milie Théodora MIERE
Maître de Conférences
Université de Versailles (France)

<u>Dernière publication:</u>
«Quelle est l'approche des sciences de l'information et de la communication dans la réflexion sur le management des projets mécatroniques»
in Communication des Organisations: Recherches Récentes, sous la direction de Catherine Loneux et Bertrand Parent, Tome 2, L'Harmattan, juillet 2011.

miliettheodora.wordpress.com
Blog: http://milietheodoramiere.wordpress.com/
http://www.uvsq.fr/toute-l-actualite/retour-sur-le-seminaire-trois-jours-environnement-et-developpement-durable-a-pointe-noire-154258.kjsp?RH=1183710093677

Od#Vhp dlqh#D iulfd lqh
<#583#I#FID
gdq v#hv#lrvt x hv

LA SEMAINE AFRICAINE N° 3151 du Vendredi 16 Décembre 2011 - PAGE 15

Les Dépêches de Brazzaville n°1548 - Vendredi 3 août 2012

NOUVELLES TECHNOLOGIES

La douzième promotion du Centre d'informatique et de recherche de l'armée et de la sécurité présente ses œuvres

Les démonstrations ont porté sur les innovations de la plate-forme d'e- learning et d'échange E-Projet Congo-France.

C'était à l'occasion de la célébration de la fête de fin d'année organisée le 30 juillet en présence du directeur général de l'établissement, le colonel Jérôme Iwandza, et de sa marraine, Théodora Miere.

Les œuvres étaient la création des étudiants de la troisième année. Il s'agissait d'un site web, de programmes de formation, d'applications, de théâtre et d'initiation aux nouvelles technologies de l'information de jeunes et d'adultes.

Ils ont également présenté leur centre, les différentes filières, les partenaires du centre, la formation Cisco, la plate-forme E-Projet, des projections vidéo sur l'initiation des jeunes aux nouvelles technologies de l'information et de la communication et des activités de la promotion.

Au terme de la cérémonie, le directeur du centre, Alain Ekondzi, a rappelé que cette démonstration prouvait à suffisance que les étudiants congolais étaient aussi capables d'initiatives.

Lydie-Gisèle Oko

Faculté de Sciences (Université Marien Ngouabi)

L'impact du numérique sur la vie estudiantine au Congo

«Impact du numérique sur la vie estudiantine», c'est sous ce thème générique sous-tendu par d'autres, comme «Les Tic, outil de modernisation de l'enseignement supérieur», «Mobile développement innovation (Modim) » et «Partage d'expériences», que l'association Pratic, dirigé par Luc Missidimbazi, a organisé, samedi 3 mars 2012, dans l'amphithéâtre Latimiria, de la faculté des Sciences, à Brazzaville, une conférence-débat destinée aux étudiants de cette faculté et d'autres établissements d'enseignement supérieur.

Les Tic, outil de modernisation de l'enseignement supérieur.

Les trois sous-thèmes ont été respectivement développés par Luc Missidimbazi, Mlle Théodora Mieré, maître de conférence, à l'Université de Versailles (France) et Vérone Mankou, concepteur congolais de tablette africaine.

Pour Luc Missidimbanzi, les technologies de l'information et de la communication peuvent jouer un rôle important dans l'enseignement supérieur. Si, hier, nos aînés utilisaient, dans leur vocabulaire, des noms comme Mamadou et Bineta et Oko montre la mer à Tati, les jeunes d'aujourd'hui doivent s'adapter à un autre vocabulaire farci des mots comme Computer, clé Usb, système d'exploitation, etc.

Selon Mlle Théodora Miéré, *«le téléphone portable se trouve, aujourd'hui, être le support de communication que le Congolais moyen a à sa disposition, quels que soient son niveau de vie, d'instruction et sa zone d'habitation. Le Congolais moyen possède trois ou quatre téléphones portables. L'utilisation de ce support se limite à l'émission et à la réception des appels et des messages Sms. Face à cette situation, je me suis demandée comment la population congolaise pourrait-elle tirer un meilleur profit des potentialités du téléphone portable, grâce à la diffusion des messages à caractère formatif, informatif, commercial, environnemental et de santé publique. De ce point de vue, j'ai, donc, lancé le projet Modim (Mobiles développement innovation mutations). L'étude de faisabilité de ce projet a été réalisée par les étudiants de l'Ecole supérieure de technologie du Littoral, dans le cadre d'un congé scientifique accordé par l'Université de Versailles».*

Vérone Mankou, concepteur de la tablette africaine, a, quant à lui, parlé de son expérience et du cheminement qu'il a suivi, pour concevoir sa tablette. Il a connu des difficultés, notamment de financement mais, il n'a pas baissé les bras et a persévéré pour réaliser son projet, afin qu'il devienne une réalité. Outre cela, Miéré à une multitude de projet qu'elle entend réaliser au Congo notamment dans le domaine de l'éducation.

Alain Patrick MASSAMBA

LA SEMAINE AFRICAINE du N° 3179 du Mardi 27 Mars 2012 - PAGE 13

NATIONAL

Coopération universitaire Congo-France

Les étudiants du Ciras et de l'I.u.t de Mantes-en-Yvelines entendent développer un projet d'échange

Le «E-Projet CF» est un projet mené par les étudiants de première année du département «Techniques de commercialisation» de l'I.u.t de Mantes-en-Yvelines (France). Dans le cadre de notre formation, nous souhaitons créer une plateforme d'échange entre les étudiants du Ciras (Centre d'informatique et de recherche de l'armée et de la sécurité) au Congo et les étudiants du département «Techniques de commercialisation» de l'I.u.t de Mantes-en-Yvelines.

Créée en 1991, l'Université de Versailles Saint-Quentin, en Yvelines, participe à l'aménagement du territoire des Yvelines, avec une implantation au cœur de sept agglomérations (Versailles et Saint-Quentin-en-Yvelines, mais également le Chesnay, Mantes-la-Jolie, Mantes-la-Ville, Rambouillet, Vélizy) et contribue au dynamisme de ce département.

L'U.v.s.q (Université de Versailles Saint-Quentin) développe une véritable politique de coopération internationale. Elle compte, actuellement, 230 accords de partenariat avec des Universités en Europe et dans le monde, avec lesquelles ont été établis des programmes d'échanges pour les étudiants, mais aussi pour les enseignants, les chercheurs et les personnels de l'Université.

L'Institut universitaire de technologie de Mantes-en-Yvelines est une composante de l'Université de Versailles Saint-Quentin-en-Yvelines. Il joue, à la fois, l'excellence et la proximité au service des étudiants et participe, activement, au développement du territoire et, plus généralement, de la Seine aval, en mettant ses compétences et celles de notre université à la disposition de nos partenaires et de l'ensemble des acteurs économiques du territoire, aussi bien en termes de formation initiale, formation continue qu'en termes de transfert de technologies et de recherches.

La formation en *«techniques de commercialisation»* permet aux étudiants d'assumer des fonctions d'encadrement et de responsabilités dans des secteurs d'activités variés (action commerciale nationale ou internationale, gestion commerciale, etc), de maîtriser les techniques commerciales, de s'adapter à leur évolution et d'être rapidement opérationnels dans les services commerciaux des entreprises industrielles, commerciales ou de services.

Dr Milie Théodora Mieré.

Contact:

Théodora MIERE PELAGE
Maître de Conférence, responsable du projet
E-mail: theodora.miere@uvsq.fr

[redacted]
Responsable communication du projet
E-mail: e.projet.congofrance@gmail.com

Des étudiants de l'I.u.t de Mantesq-en-Yvelines (France).

Témoignage La Semaine Africaine du 17 juillet 2012

Source : ***La semaine africaine*****, 17 juillet 2012**

MODIM, un projet scientifique pour vulgariser les TIC

Par Jean-François PUJOL

CRÉE EN 2010, LE PROJET MODIM (MOBILES, DÉVELOPPEMENT INNOVATION ET MUTATIONS) MISE SUR LA FORMATION ET LA VULGARISATION DES TIC POUR AIDER LA POPULATION À TIRER LE MEILLEUR DANS L'UTILISATION DES TIC. UN PROJET SCIENTIFIQUE PORTÉ PAR DR. MILIETHÉODORA MIERE POUR QUI, LE MOBILE POURRAIT AINSI DEVENIR UN VECTEUR EFFICACE POUR FORMER, INSTRUIRE, COMMUNIQUER ET POURQUOI PAS FAIRE DU BUSINESS GRÂCE À LA PRODUCTION DE CONTENUS LOCAUX.

C'est en tout cas, le pari du Dr Milie Théodora MIERE, Maître de Conférences à l'Université de Versailles (78, France) où elle a été nommée Responsable des projets depuis 2010. Femme très engagée, elle a multiplié les partenariats avec notamment des établissements du supérieur comme l'Ecole Supérieure de Technologie du Littoral de Pointe Noire ou encore le CFI-Ciras. Partant du constat que le gouvernement a le plus souvent re-

Cabines téléphoniques et vendeurs de cartes

Panneaux des cabines téléphoniques au Congo

APPEL
50
VENTE DES
CARTES

APPEL
MTN
AIRTEL
AZUR
50
Sap-Sap, MeZu, Facile
Vente de Cartes de recharge.

Pas de bon pour!
Point Agréé Airtel & MTN Money
Dépôt & Retrait d'argent
Boucherie & Alimentation
Carte de Pointage.

POINT AGREE
MTN
* SERVICES
APPLICATION ANDROID
ANTIVIRUS
MoMo
Point agrée
azur
DISPONIBLES
ICI

Boutiques Mobile Money

Appel 50F
MTN ... Me2u
Airtel ... Sap-Sap

Boucherie
ACC Point Agréé
Mobile Money
airtel Money
MTN Point Agréé
disponible
Appel
MTN
Sap-Sap

airtel
Money

POINT
airtel
money
POINT

Congo 242 14 août, 13:10

MOBILE MONEY

Il sera bientôt possible pour un client Airtel de transférer de l'argent via mobile money à un client Mtn et vice-versa.

Le Conseil national du crédit s'est penché sur cette question le 9 août dernier à Brazzaville.

4 1 commentaire

airtel
KABA LISOLO
Chez Airtel, un seul forfait suffit pour appeler tous les reseaux
10min
500
65min
3000
MASOLOXL

BIBLIOGRAPHIE

Ouvrages

AFFRE, V. (2017). *Paiement mobile / Afrique : Société Générale lance Yup, son porte-monnaie électronique*. Paris : MOCI

Assens, C. (2013). *Le management des réseaux. Tisser du lien social pour le bien-être économique*. De Boeck.

Atchoua J. et al (dir) (2020). *Technologies numériques et sociétés africaines : enjeux de développement*, éd. ISTE Ltd.

Bei, B. E. (2016), *Le secteur bancaire en Afrique subsaharienne Evolutions récentes et inclusion financière numérique*, Paris : BEI

Benghozi, P.-J., d'Iribarne A. & Flichy P. (coordonné par) (2000). *Internet en entreprise. Reseaux,* n° 104, Vol 18.

Cardon, Dominique, Granjon, Fabien (2010). *Médiactivistes*, Paris, Presses de Sciences Po, 152 p.

Cheneau-Loquay, A. (2004). M*ondialisation et technologies de la communication en Afrique.* Paris : Editions Karthala.

Cheneau-Loquay, A. (2010). *Modes d'appropriation innovants du téléphone mobile en Afrique*. Genève : Union Internationale des Télécommunications (UIT).

Denouel, J., & Granjon, F. (2011). *Communiquer à l'ère numérique. Regards croisés sur la sociologie des usages*. Paris : Editions Transvalor/Presses des Mines (Coll. Sciences Sociales).

Durampart, M. (1998). Vers une définition du réseau local de communications dans la communication des organisations. Pp. 105-112 in Le Moënne, Ch. (éd.). *Communications d'entreprises et d'organisations*. Rennes : Presses Universitaires de Rennes.

Flichy, P. (1995). *L'Innovation technique. Récents développements en sciences sociales, vers une nouvelle théorie de l'innovation*, Paris : La Découverte.

Gracia, T. (2017), Digitalisation dans les banques : attention les clients ne sont pas des robolts. Paris : Teleperformance Académie France.

Granjon, Fabien (2001). *L'Internet militant. Mouvement social et usage des réseaux télématiques*. Rennes : Apogée (Coll. "Média et Nouvelles technologies"), 189 pages.

Granjon,F.(2014). *Les enjeux de l'information et de la communication*. Paris. Armand Colin.

Guyot, B. (2000). Système d'information : construction d'un objet de recherche. Pp. 95-104 in Delcambre, P. (dir.). *Communications organisationnelles, objet, pratiques, dispositifs*. Rennes : Presses universitaires de Rennes.

Jouët, J. (2011). Des usages de la télématique aux Internet Studies. Pp. 45-90, in Denouël Julie & Granjon Fabien (dir.). *Communiquer à l'ère numérique. Regards croisés sur la sociologie des usages*, Paris Presses des Mines.

Kiyindou A. (2009). *Fractures, mutations, fragmentation de la diversité des cultures numériques*. Paris : Hermès Sciences, Lavoisier.

Kiyindou, A., Kouméalo, A., Capo-Chichi, A. (2015). *Quand l'Afrique réinvente la téléphonie mobile*. Paris. Éd. L'Harmattan.

Lacoste M. (2000). Les objets et le travail en collectif. Pp. 23-34 in Delcambre P. (textes réunis par) *Communications organisationnelles, objet, pratiques, dispositifs*. Rennes : Presses universitaires de Rennes.

Lavoisy, O. & Vinck, D. (2000). Le dessin comme objet intermédiaire de l'industrie. Pp. 47-64 In Delcambre, P. (dir.). *Communications organisationnelles, objet, pratiques, dispositifs*. Rennes : Presses universitaires de Rennes.

Miere-Pelage, Th. (2008). Usages de la téléphonie mobile en contexte de sous-développement » Pp. 157-178 in Kiyindou A. (dir.), *Communication pour le développement, Analyse critique des dispositifs et pratiques professionnelles au Congo*. Bruxelles : Editions EME.

Nicourd, S. & Harvard Duclos, B. (2005). *Pourquoi s'engager ? Bénévoles et militants dans les associations de solidarité*. Paris : Payot.

Olivier Z. (2004). *Le management de l'intelligence collective*. Paris : Axiopole éditions, (traduction de la 1e édition de la version française).

Proulx, S. (2005). Penser les usages des technologies de l'information et de la communication aujourd'hui : enjeux – modèles – tendances. Pp. 7-20 in Vieira Lise et Pinède Nathalie (dir.), *Enjeux et usages des TIC : aspects sociaux et culturels tome 1*, Bordeaux : PUB.

Proulx, S. (2009). L'usage des objets communicationnels. Pp. 12-20, in Licoppe Christian (dir.), *L'évolution des cultures numériques. De la mutation du lien social à l'organisation du travail. Questions de communication.* Paris : FYP (Coll. Innovation). URL : http://questionsdecommunication.revues.org/277.

Chapitre d'ouvrage

Cabedoche, Bertrand, (2013). « Des sciences de l'information et de la communication à équidistance de tout déterminisme : un état de la recherche en France relative à la couverture médiatique des "révolutions arabes" », in Sihem Najar (dir), *Les réseaux sociaux sur Internet à l'heure des transitions démocratiques (Monde arabe, Europe de l'Est, Amérique latine)*, Tunis et Paris : IRMC-Karthala, p.279-300.

Ressources en ligne

Atarodi, S., Berardi, A. M., & Toniolo, A. M. (2019). *Le modèle d'acceptation des technologies depuis 1986 : 30 ans de développement.* Psychologie du Travail et des Organisations, 25(3), 191–207. https://doi.org/10.1016/j.pto.2018.08.001

Breton, P., (2003) *La fracture numérique, mythe ou réalité.* http://www.generationcyb.net/Internet-fausses-promesses-vraies,0268, consulté le 4 décembre 2014

Cheneau-Loquay A. (2012). La téléphonie mobile dans les villes africaines. Une adaptation réussie au contexte local. *L'Espace géographique*, 2012/1 tome 41, pp. 82-93.

Chéneau-Loquay, A. (1998). Do socio-territorial configurations in Africa favour the insertion of new information technologies ?. *Netcom* (commission Géographie de la communication de l'Union Géographique Internationale, Vol. 12, n°1, mars, pp. 219-232.

Cheneau-Loquay, A. (2001). Modes d'appropriations innovants du téléphone mobile en Afrique. *Rapport MAE/IUT*, 2001, http://www.diplomatie.gouv.fr/fr/IMG/pdf/itu-maee-mobile-innovation-afrique-f-2.pdf

Dakouré Évariste (2014). Tic et développement en Afrique : approche critique d'initiatives et enjeux, *Revue française des sciences de l'information et de la communication* [en ligne], (consulté le 23 avril 2015), <https://rfsic.revues.org/939>.

Diminescu D., (2005), *Le migrant connecté. Pour un manifeste épistémologique*, *Migrations/Sociétés*, vol. 17, n°102, pp. 275-292.

Flichy, P. (2008). Technique, usage et représentations. *Réseaux*, n° 148-149, pp. 147-174.

Gado, A. (2014). Faire de nécessité vertu : inégalités sociales et modes d'appropriation innovants du téléphone mobile en Afrique. *Revue française des sciences de l'information et de la communication* [En ligne], 4 | 2014, mis en ligne le 15 janvier 2014, consulté le 23 avril 2014. URL : http://rfsic.revues.org/946.

http://www.ARPCE.cg - Mobile Money: Publication des chiffres clés relatifs à l'évolution du marché au mois de mars 2019.

http://www.arpce.cg/index.php/article/mobile-money-publication-des-chiffres-cles-relatifs-a-levolution-du-marche-au-mois-de-mars-2019 , consulté le 07/07/2019

https://afrique.latribune.fr/africa-tech/telecoms/2018-12-02/en-afrique-le-taux-de-penetration-des-smartphones-atteindra-70-en-2024-799538.html, consulté le 27/ 11/2019.
https://apec-congo.org/

https://www.lemonde.fr/afrique/article/2018/04/27/le-nombre-de-smartphones-explose-en-afrique_5291411_3212.html, consulté le 3/01/2019.

Ibanez-Bueno J., Miere Th. (2022), « La communication des opérateurs de téléphonie mobile au Congo : providence, relationnelle ou compassionnelle? » in la *Revue Française des Sciences de l'Information et de la Communication (RFSIC),* mars 2022, https://journals.openedition.org/rfsic/13034
Jeune Afrique, "Comment Watsapp a conquis l'Afrique" (Consulté le 20 mars 2018. <http://www.jeuneafrique.com/339107/societe/technologie-whatsapp-a-conquis-lafrique/>
Jouët, J., (2000). Retour critique sur la sociologie des usages. *Réseaux*, n° 100, pp. 487-521. http://www.persee.fr/web/revues/home/prescript/article/reso_0751-7971_2000_num_18_100_2235.

Kiyindou A. (2010), "TIC & développement socioéconomique, enjeux et pratiques", *Hermes*, Paris 2010, p. 114.
Kiyindou A. (2011) : "Réseaux socio-numériques et solidarité", *Hermes, La revue* 2011/1 (n°59), p. 121 disponible sur http://documents.irevues.inist.fr/handle/2042/45346
Kiyindou, A. & Miere-Pélage, Th. (2012). Réseaux virtuels, reconstruction du lien social et de l'identité dans la diaspora noire. *Etudes de communication*, n° 38, décembre, pp. 189-201. http://www.cairn.info/revue-etudes-de-communication-2012-1-page-189.htm

Massanga P. T., Miere Th. (2020), «Des opérateurs de téléphonie mobile aux opérateurs financiers : usage du mobile money au Congo-Brazzaville », *Revue française des sciences de l'information et de la Communication* [En ligne], 20 | 2020, mis en ligne le 01 septembre 2020, consulté le 16 octobre 2020. URL : http://journals.openedition.org/rfsic/9767 ; DOI : https://doi.org/10.4000/rfsic.9767.

Miere Th. (2022), « Communication, lien social et mobilisation au Congo-Brazzaville », *REFSICOM* [en ligne], Métamorphoses de l'action citoyenne sur les réseaux numériques, mis en ligne le 28 février 2022, consulté le jeudi 24 mars 2022. URL: http://www.refsicom.org/1048

Miéré Théodora, « TIC et mobilisation : le cas du Congo », *Les enjeux de l'Information et de la communication* [en ligne], consulté le 20 novembre 2017, <https://lesenjeux.univ-grenoble-alpes.fr/2016-supplementA/14-Miere/>.

Miere, T. (2019). *Contribution de la diaspora et développement des TIC au Congo*. Revue française des sciences de l'information et de la communication, (17). https://doi.org/10.4000/rfsic.6489

Musso, Pierre (2011). « Révolution FaceBook » ou révoltes populaires ? ». *Écorev (revue critique d'écologie politique)*, n° 37, mis en ligne le 2 septembre 2011 (consulté le 16 février 2015) <http://ecorev.org/spip.php?article891>.

Proulx S., (2008). *Penser les usages des TIC aujourd'hui : enjeux - modèles – tendances* http://www.marsouin.org/IMG/pdf/Usages-Proulx2-2005.pdf

Proulx, S. (2001). *Les formes d'appropriation d'une culture numérique comme enjeu d'une société du savoir, Gouvernance et usages d'Internet: vers un nouvel environnement normatif* http://grm.uqam.ca/?q=gouv_et_net

Proulx, Serge, (2008). « Des nomades connectés : vivre ensemble à distance », *Hermes*, n°51, p.155-160.

Touati, Zeineb (2012). « La révolution tunisienne : interactions entre militantisme de terrain et mobilisation des réseaux sociaux », p.121-141, consulté le 16 février 2015, <http://anneemaghreb.revues.org/1426>.

Rapport

Ndalla, A. (2004). Congo, Evaluation de l'Etat des connaissances et de l'utilisation des nouvelles technologies de l'information et de la communication liées au commerce ». *Rapport de mission, Centre du Commerce international CNUCED / OMC, février.*

Thèses, mémoire HDR, mémoires, travaux d'étudiants

Bossoto, I. (2010), *Les usages de l'Internet et les inégalités d'accès à Brazzaville.* Ouagadougou : Université de Ouagadougou. (Sous la direction du Pr S. Balima)

Lessouba, F. (2015). *Les TIC comme levier du développement au Congo-Brazzaville : Le cas du téléphone mobile* [Thesis, Rennes 2]. http://www.theses.fr/2015REN20023/document

Abstract

The objective of this book is to highlight the stakes of gital development in Congo - Brazzaville. We have examined rategies deployed by the Congolese State and mobile telephone erators to provide digital service coverage throughout the rritory. The development of the mobile Internet has been a key ctor in the multiplication of uses thereof, the implementation the system and the use of networks. The introduction of IT ols in companies and the mobile Internet have, through the acebook social network, provided the Congolese with pportunities to find friends and relatives, but also offering them n opening to the outside world by means of access to new nowledge and debates on subjects which are difficult to deal ith at home. Of particular significance is the contribution made n this respect by the Congolese in the diaspora. They have rought in materials, projects and skills for the development of he ICT sector. It is worth noting that this commitment is linked o their need to stay in contact with those who have remained ack home and others who have gone elsewhere and thus ontribute, using Facebook, individually and collectively, to ublic and political debates. However, despite such substantial nthusiasm, inequalities in the access to modern communication tools and lack of added services are still persistent.

Structures éditoriales du groupe L'Harmattan

L'Harmattan Italie
Via degli Artisti, 15
10124 Torino
harmattan.italia@gmail.com

L'Harmattan Hongrie
Kossuth l. u. 14-16.
1053 Budapest
harmattan@harmattan.hu

L'Harmattan Sénégal
10 VDN en face Mermoz
BP 45034 Dakar-Fann
senharmattan@gmail.com

L'Harmattan Cameroun
TSINGA/FECAFOOT
BP 11486 Yaoundé
inkoukam@gmail.com

L'Harmattan Burkina Faso
Achille Somé – tengnule@hotmail.fr

L'Harmattan Guinée
Almamya, rue KA 028 OKB Agency
BP 3470 Conakry
harmattanguinee@yahoo.fr

L'Harmattan RDC
185, avenue Nyangwe
Commune de Lingwala – Kinshasa
matangilamusadila@yahoo.fr

L'Harmattan Congo
219, avenue Nelson Mandela
BP 2874 Brazzaville
harmattan.congo@yahoo.fr

L'Harmattan Mali
ACI 2000 - Immeuble Mgr Jean Marie Cisse
Bureau 10
BP 145 Bamako-Mali
mali@harmattan.fr

L'Harmattan Togo
Djidjole – Lomé
Maison Amela
face EPP BATOME
ddamela@aol.com

L'Harmattan Côte d'Ivoire
Résidence Karl – Cité des Arts
Abidjan-Cocody
03 BP 1588 Abidjan
espace_harmattan.ci@hotmail.fr

Nos librairies en France

Librairie internationale
16, rue des Écoles
75005 Paris
librairie.internationale@harmattan.fr
01 40 46 79 11
www.librairieharmattan.com

Librairie des savoirs
21, rue des Écoles
75005 Paris
librairie.sh@harmattan.fr
01 46 34 13 71
www.librairieharmattansh.com

Librairie Le Lucernaire
53, rue Notre-Dame-des-Champs
75006 Paris
librairie@lucernaire.fr
01 42 22 67 13

www.ingramcontent.com/pod-product-compliance
Lightning Source LLC
LaVergne TN
LVHW021220061026
849535LV00008B/2838
* 9 7 8 2 3 3 6 4 0 4 7 7 6 *